너무나 소중한 당신이기에

KB205711

말하지 아니할 수 없습니다!

새삶 전도협회

말하지 아니할 수 없습니다!

지 은 이 | 강효민

초판 1쇄 | 2008년 4월 10일

초판 2쇄 | 2011년 9월 10일

편   집 | 한혜정

디 자 인 | 김영순

삽   화 | 이호순

발 행 처 | 새삶전도협회

웹사이트 | www.nleva.org

주   소 | 143-898 서울시 광진구 중곡동 157-1

전   화 | (02)458-0691, 010-7770-7094

팩   스 | (02)453-9020

출판등록 | 제 25100-2007-26호

인   쇄 | 금강인쇄 2274-6598

책   값 | 뒤표지에 있습니다

ISBN 978-89-960006-2-4 03230

말하지 아니할 수 없습니다!

추천의 글

돈과 인기, 쾌락과 안락만을 쫓아 달려가고 있는 많은 한국의 현대인들은 안타깝게도 교회나 기독교에 대해서는 별 관심이 없습니다. 강효민 목사님이 쓰신 이 부드럽고 호소력 있는 전도칼럼집이 그들로 하여금 잠시 멈추어 영원의 빛을 느끼게 하고 삶의 진정한 의미와 구원에 대해 관심을 갖도록 돕는 데에 귀하게 쓰임 받을 것을 기대하며 기쁨으로 추천합니다.

곽철호 | 성서침례대학원대학교 교수

오래 전에 나는 '예수 믿으세요'를 작사, 작곡했었다. 지금도 이 찬양은 노방전도를 할 때 꼭 불린다. 사실 이 곡은 교회 안에서 성도들이 불러야 할 찬양이다. 강효민 목사님의 칼럼집을 읽으면서 같은 생각을 했다. 이 책은 믿음이 없는 자나 새 성도가 꼭 읽어야 할 내용이지만 사실은 신앙생활을 오래한 성도들도 반드시 읽고 묵상해야 할 내용이다. 예수를 믿는 자가 누리는 감격과 기쁨이 이 안에 있기 때문이다.

김석균 | 복음성가 작곡가

커피, 콜라 등과 같이 자극적이고 화려한 외래 음료에 익숙해 버린 우리 세대에 따뜻한 보리차 한 잔을 건네는 심정으로 강효민 목사님은 구수하고 시원한 영적인 보리차를 우리 영혼에게 권하고 있다. 일상생활 속에서 일어나는 작은 경험들을 말씀으로 조명하고 여과하여 우리에게 삶의 지혜와 활력을 제공해 준다. 이 책은 단숨에 꿀꺽 꿀꺽 마셔 버리는 것보다는 맛을 음미하며 매일 같이 조금씩 마시는 것이 더 좋을 것이다.

김요셉 | 수원 중앙기독초등학교 교목

그리스도의 복음을 소개하고 있는 책이 흔하지 않는 요즘, 그리스도의 복음을 접하며 그리스도를 구주로 믿고 마음에 받아들일 수 있도록 표현한 책이

출판되어 매우 기쁘게 생각합니다. 그리스도의 마음이 담긴 글과 복음을 접한 이들의 주옥같은 간증을 통하여 큰 축복을 얻게 될 것을 확신하기에 나는 주저하지 않고 이 책을 모든 이에게 추천하고자 합니다.

김우생 | 불광동성서침례교회 목사

강효민 목사님의 글을 읽을 때면 항상 감사함이 넘칩니다. 평안에 대해 고민할 때는 평안의 글로, 주님을 더 알고 싶을 때는 예수님에 관한 글로, 격려와 희망이 필요할 때는 따뜻한 주님의 음성으로 다가오는 목사님의 글은 제게 시원한 샘물입니다. 간직하고 싶은 말씀들을 책으로 엮어 주셔서 항상 곁에 두게 하시니 감사합니다.

김택수 | 한빛침례교회 목사

예수님의 구원 없이는 기독교가 존재할 수 없다. 마음에 예수님을 모시고, 모든 것을 그 분과 함께 누리는 것이 크리스천의 삶이다. 길이요, 진리요, 생명이신 예수님을 소개하고 그 분으로 인해 누릴 수 있는 풍요로움을 알려주는 이 책은 당신을 복된 길로 안내할 것이다.

서정인 | 한국 컴패션 대표

복음은 아름답고 기쁜 소식입니다. 그럼에도 불구하고 복음의 이야기는 여전히 접근하기 어려운 소식으로 이해되어 왔습니다. 강효민 목사님은 이런 복음의 이야기를 오늘의 언어로 쉽고 친근하게 재해석하여 우리에게 들려주고 있습니다. 신나고 흥미로운 소식으로 자신의 인생을 다시 만들고 싶어 하는 분들에게, 이웃에게 복음의 이야기를 간결하고 친절하게 들려주고 싶은 열망을 가진 모든 분들에게 이 책을 기쁨으로 추천해 드리고 싶습니다.

이동원 | 지구촌교회 목사

사람이 호흡을 참고 참다가 한계에 이르게 되면 살기 위해서 어쩔 수 없이 호흡을 할 수밖에 없습니다. 〈말하지 아니할 수 없습니다〉 이 책에는 영혼의 호흡을 위한 값진 공기와 같은 보물이 담겨 있습니다. 호흡하지 않고서는 도저히 살 수 없는 것처럼, 복음을 말하지 아니하고는 도저히 참을 수 없는 너무도 귀한 비밀과 감동을 이 책에서 만나게 될 것입니다.

이요셉 | 한국웃음연구소 소장

영혼을 사랑하는 저자의 깊은 내면에서 우러나온 '말하지 아니할 수 없는' 이야기들이 담겨 있는 이 책은 하나님의 진리와 인간이 추구해야 하는 바른 삶, 그리고 하나님을 만난 다양한 사람들의 진솔한 체험이 담겨 있어 쉽고도 편안하게 우리를 사랑의 하나님께로 인도하고 있습니다.

이웅상 | 명지대학교 교목

반기독교 정서가 팽배한 요즈음의 시대에 어설픈 논리적 변증은 오히려 역효과를 낼 수 있습니다. 그러나 강효민 목사님의 이 칼럼들은 감성을 터치하면서 따뜻한 녹차 한 잔처럼 부드럽게 사람의 마음을 파고들어 잔잔한 여운을 남기며 독자로 하여금 자신의 인생과 영원과 하나님에 대해 생각하게 만듭니다. 또한 이 책에 게재된 간증들은 예수님을 믿고 실제로 삶이 변한 사람들의 이야기로써 진실의 강력한 힘으로 아직 예수님을 믿지 않는 사람들의 마음을 흔들 수 있으리라 믿습니다. 포스트모던 시대에 더욱 효과적으로 하나님 나라의 기쁜 소식을 전하고 싶은 복음사역의 파트너로서 이 귀한 책을 기쁘게 추천합니다.

이재기 | 호산나넷 칼럼니스트

하나님을 경외함이 없는 시대, 하나님을 하나님답게 대접함이 없는 시대, 그래서 하나님께 무례해진 시대에 하나님에 대하여 두려워하는 마음과 예의 바름을 동시에 회복시켜 주는, 어렵게 느껴질 수 있는 복음의 진수를 쉽게 이해할 수 있도록 쓰인, 짧지만 보화 같은 메시지이다.

이재학 | 디모데성경연구원 대표

삶의 가장 본질적인 문제들에 대한 답을 예수 안에서 명쾌하게 풀어낸 이 책은 영혼을 사랑함으로 말하지 않을 수 없는 저자의 순전한 열정으로부터 나온 것이기에 더욱 깊은 감동으로 다가옵니다. 언젠가 하나님을 모르는 사람들에게 전도용으로 권할만한 책을 찾다가 의외로 마땅한 책이 없어 고민한 적이 있는데 이제는 고민할 필요가 없게 되었습니다. 믿기를 원하는 사람에게 서슴지 않고 줄 수 있는 이 책이 나와 더없이 기쁩니다.

정승인 | *Focus On the Calling* 대표

강효민 목사님의 설교는 철저하게 성경에 근거하면서도 일반 사람의 눈높이에 맞춘 쉬운 메시지로 알려져 있다. 〈말하지 아니 할 수 없습니다〉는 이러한 양면의 장점을 극대화한 책이라고 할 수 있다. 이 책을 보노라면 아름다운 수필을 읽는 듯하다가, 어느새 나도 모르게 예수님의 사랑에 젖어들게 되고, 복음의 놀라운 능력을 체험하게 되는 참으로 아름다운 책이다.

조성표 | 경북대학교 교수

열려있다. 겸손하다. 말씀에 타협이 없다. 구령의 열정이 뜨겁다. 이것이 내가 알고 있는 강효민 목사님이다. 단숨에 읽게 되는 이 칼럼집은 따뜻하면서도 쉽게 복음을 접하게 해준다. 이 책이 하나님과 사람들 사이에 다리를 놓아주는 축복의 통로가 될 것을 확신한다.

최 미 | 찬양사역자

하나님과 사람 사이의 메신저로서 귀한 복음전도 사역을 하고 계신 강효민 목사님께서 확신을 가지고 살아계신 하나님을 소개하고 있는 이 책은 우리 인생에 일어나는 여러 가지 일들을 통해 사람이 나아가야 할 길을 명확히 보여주고 있습니다. 나의 절친한 친구인 강 목사님이 쓰신 이 책을 여러분이 꼭 읽기를 바랍니다.

스티브 니콜스 | 한국 생명의말씀협회 대표

서문

제가 만나는 모든 사람들에게 꼭 해드리고 싶은 이야기가 있습니다. 바로 예수님에 대한 이야기입니다. 예수님은 저에게 삶의 의미를 주셨고, 영원한 천국의 소망을 주신 분이십니다. 그래서 저는 예수님을 모르는 사람들을 만날 때마다 예수님에 대한 이야기를 꼭 해드리고 싶은 간절한 열망이 있습니다.

그런데 목회를 하다 보니 아이러니컬하게도 믿지 않는 사람들을 만날 기회가 그렇게 많지 않습니다. 만난다 해도 조용히 앉아서 진지하게 예수님에 대한 이야기를 들려주는 것이 쉽지 않습니다. 그래서 어떻게 하면 더 많은 사람들에게, 더 효율적으로 예수님에 대한 이야기를 해줄 수 있을까 생각하다가 글로 써서 전하기로 했습니다. 그렇게 해서 만든 것이 월간전도지 〈새삶〉입니다.

이 책에 있는 글들은 그동안 〈새삶〉에 실었던 전도칼럼들입니다. 제가 만나는 사람들에게 꼭 해드리고 싶은 이야기들이 이 책속에 있습니다. 전도는 하고 싶은데 시간이나 분위기가 허락지 않아서 제대로 전도하지 못한 분들에게, 그리고 마음은 있는데 표현하는 것이 어려워서 제대로 전도하지 못한 분들에게 전도용으로 도움이 될까 해서 책으로 내보았습니다.

아무쪼록 이 책이 예수님을 알지 못하는 사람들을 예수님께로 인도하는데 미력하나마 쓰임 받았으면 좋겠습니다.

이 책이 나오기까지 많은 수고를 하신 〈새삶〉 제작팀의 한혜정(편집), 김영순(디자인), 이호순(삽화) 자매님과 김화영(표지디자인) 집사님에게 깊이 감사드립니다. 저와 함께 주님을 섬기는 새삶침례교회의 성도님들과 특별히 귀한 간증을 써주신 형제자매님들에게 감사의 마음을 전합니다. 바쁘신 중에도 이 책의 원고를 읽어주시고 기꺼이 추천의 글을 써주신 한 분, 한 분께 진심으로 감사드립니다.

이 책을 읽는 모든 분들에게 하나님의 은혜와 평강이 있기를 간절히 기원합니다.

"내가 다시는 하나님을 선포하지 아니하며 그의 이름으로 말하지 아니하리라 하면 나의 마음이 불붙는 것 같아서 골수에 사무치니 답답하여 견딜 수 없나이다"(예레미야 20:9).

2008년 봄
강 효 민

목 차

가장 아름다운
사랑 이야기를 아십니까?

이 세상에는 아름다운 것이 참 많습니다. 꽃도 아름답고, 밤하늘에 빛나는 별들도 아름답고, 고이 잠든 아가의 얼굴도 아름답습니다.

그런데 저는 이 세상에서, 그래도 가장 아름다운 것은 사랑이라고 생각합니다. 사랑에도 여러 종류의 사랑이 있지만 그것이 참된 사랑이기만 하면 이 세상에 사랑만큼 아름다운 것은 없다고 믿습니다. 남녀간의 사랑도 아름답고, 이웃에게 베푸는 사랑도 아름답고, 부모가 자식을 사랑하는 사랑도 아름답습니다.

그런데 또 저는 이 세상에 있는 모든 종류의 사랑들보다 더 아름답고 귀한 사랑은 하나님께서 죄인들을 사랑하신 사랑이라고 믿습니다. 어떤 사람들은 이런 이야기만 하면 또 예수쟁이들이 늘 하는 그 소리라고 생각할지 모르지만 한 번쯤 깊이 생각해보는 것도 나쁘지 않으리라 생각됩니다.

왜 죄인들을 향한 하나님의 사랑이 가장 아름다운가 하면, 이렇게 한 번 생각해 보시기 바랍니다. 여기에 당신을 무척이나 미워하는 사람들이 있습니다. 하는 짓도 당신의 마음에 들지 않는 짓만 골라서 합니다. 그런데 어느 날, 당신을 미워하고, 당신의 마음에 안 드는 짓만 골라서 하는 그 사람들이 죽게 되었습니다. 그들을 살릴 수 있는 유일한 길은 당신이 이 세상에서 가장 사랑하는 당신의 외아들을 그들 대신 죽게 하는 길 밖에 없습니다. 이럴 경우에 당신은 어떻게 하겠습니까? 그들을 살리기 위해서 당신은 당신의 하나밖에 없는 외아들을 죽게 할 수 있습니까?

어림도 없는 이야기지요. 나를 사랑하고 내 마음에 드는 사람을 위해서도 어려운 일인데, 나를 미워하고 내 마음에 들지 않는 일만 골라서 하는 사람들을 위해서 어떻게 사랑하는 내 아들의 목숨을 줄 수 있겠습니까? 외아들 아니라 아들이 열 명이라도 어려운 이야기입니다.

그런데 놀라운 사실은 하나님께서는 그렇게 하셨다는 것입니다. 하나님이 없다 하고, 하나님을 마음에 두기 싫어하면서, 하나님 보시기에 온갖 더럽고 추악한 죄를 지으며 살아가던 저와 당신을 위해서 하나님께서는 하나님의 외아들

예수 그리스도를 이 땅에 보내주셨고 십자가에서 죽게 하셨습니다. 그리고 저와 당신의 모든 죄 값을 지불해 주심으로 영원히 살 수 있는 길을 마련해 주셨습니다. 이것이 하나님께서 저와 당신에게 보여 주신 사랑입니다.

사람이 사람을 사랑해도 아름답습니다. 그런데 존귀하시고 거룩하신 하나님께서 더럽고 누추한 죄인들을 사랑해 주셨다니 얼마나 놀라운 이야기입니까?

저는 사랑 이야기를 좋아합니다. 그래서 지금도 아름다운 사랑 이야기를 들으면 가슴이 뭉클해지고 행복해집니다. 그런데 저는 지금까지 하나님께서 죄인들을 사랑해 주셨다는 이야기만큼 감동적이고 아름다운 이야기를 들어본 적이 없습니다. 그리고 저는 이 아름다운 사랑 이야기에 오늘도 감격하며 살아가고 있습니다. 당신은 어떻습니까?

"하나님의 사랑이 우리에게 이렇게 나타난 바 되었으니 하나님이 자기의 독생자를 세상에 보내심은 그로 말미암아 우리를 살리려 하심이라"(요한일서 4:9).

하나님은 살아 계십니다

오늘날 적지 않은 사람들이 하나님의 존재에 대해서 관심이 없거나, 하나님은 계시지 않는 것으로 생각하며 살아갑니다. 그러나 우리는 이 문제에 대해서 한 번 심각하게 생각해 볼 필요가 있습니다. 왜냐하면 여기에 대해서 어떻게 생각하느냐에 따라 우리의 삶은 달라질 수밖에 없기 때문입니다. 과연 하나님은 계시지 않는 것일까요? 그리고 하나님의 존재에 대해서 이렇게 무관심하게 살아도 되는 것일까요? 당신은 하나님의 존재에 대해서 어떻게 생각하십니까?

하나님의 존재에 대해서 사람들이 내릴 수 있는 결론은

결국 두 가지 중 하나일 수밖에 없습니다. "하나님은 존재하신다" 아니면 "하나님은 존재하지 않는다", 이 둘 중에서 당신은 어느 것을 믿습니까?

제가 믿는 것은 "하나님은 존재하신다"입니다. 그리고 그렇게 믿는 이유는 그렇게 말하고 있는 성경을 사실로 믿기 때문입니다. 그럼 성경은 과연 믿을 만한 책인가 하는 의문을 가질 수 있겠지만 거기에 대해서는 접어두고, 대신 저는 "하나님은 존재하지 않는다"고 믿는 무신론이 얼마나 어리석고 터무니없는 주장인지를 말하려고 합니다. 왜 무신론이 어리석고 터무니없는 주장인가 하면 무신론은 사람으로서는 도저히 증명할 수도 없고, 내릴 수도 없는 결론이기 때문에 그렇습니다.

한 번 생각을 해보십시오. 여기에 무신론주의자가 있다고 가정해 봅시다. 그런데 이 사람은 지구의 어느 한 부분에서 고작 몇 십 년 살다가 죽을 존재인데 어떻게 감히 자기 눈에 하나님이 보이지 않는다고 해서, 자기 생각에 하나님이 계시지 않는 것 같다고 해서 "하나님은 존재하지 않는다"는 결론을 내릴 수 있겠습니까? 하나님이 계시지 않는 것을 입증하기 위해서는 정말 하나님이 계시지 않는지 지구의 모든 구석구석을 다 다녀보아야 할 것이며, 지구뿐 아니라 태양계의 모든 별들과 우주 전체도 돌아다녀 보아야 할 것입니다. 또한 현재에 대해서만 연구해서 될 일이 아니고, 과거에도 하나님이 안 계셨는지 알아보아야 하고, 또 미래에도 계시지 않을 것을 밝혀야 할 것입니다. 이렇게 생각한다면 무신론은 증명 자체가 불가능한 이론이며, "하나님은 존재하지 않는다"고 말하는 것은 참으로 어리석은 주장입니다. 차라리 "모르겠다"고 말하는 것이 현명할 것입니다.

그렇다면 하나님의 존재를 믿는 것은 어떻습니까? 하나님의 존재를 증명하는 것은 아주 쉽습니다. 전 인류 역사를 통해서 "하나님은 존재하신다"는 흔적이 하나라도 있으면 하나님은 존재하는 것이며, 한 사람이라도 하나님을 체험했다면 하나님은 존재하는 것입니다. 마치 우리나라에 갈매기라는 새가 존재한다는 것을 증명하기 위해서는 전국을 돌아다니지 않아도 우리나라 어디에선가 갈매기의 흔적이 발견되거나 갈매기를 본 사람이 있다면 그것으로 충분한 것과 같습니다.

그렇다면 하나님의 존재에 대한 증거는 어디에 있습니

까? 사실은 성경의 모든 기록들이 다 하나님의 존재를 증명하고 있으며, 성경에 나오는 수많은 인물들이 하나님을 체험하였습니다. 또 오늘날에도 하나님을 느끼고, 체험하며 살아가는 사람들이 수도 없이 많다는 것입니다. 그러므로 하나님은 분명히 존재하십니다.

성경 첫 장을 열면 하나님은 태초부터 계셨고, 그 하나님께서 우주만물과 사람을 창조하셨습니다. 바라기는 당신도 살아 계신 하나님을 경외하면서 사시기를 바랍니다.

"태초에 하나님이 천지를 창조하시니라"(창세기 1:1).

"어리석은 자는 그의 마음에 이르기를 하나님이 없다 하는도다"(시편 14:1a).

평화의 왕을 소개합니다

이 세상에서 사람들이 가장 필요로 하고 원하는 것은 무엇일까요? 여기에 대한 대답은 사람이 처한 상황에 따라 달라질 것입니다. 배고픈 사람은 빵이 가장 필요하다고 대답할 것이고, 건강이 좋지 못한 사람은 건강이 가장 중요하다고 말할 것입니다. 또 경제적으로 어려움이 있거나 재물에 대한 욕심이 있는 사람이라면 돈이 가장 필요하고 좋은 것이라고 대답할 것입니다.

그런데 정말로 사람에게 가장 중요하고 필요한 것은 무엇일까요? 그것은 행복이라고 생각합니다. 배고픈 사람이 빵을 원하는 이유도, 건강이 안 좋은 사람이 건강을 원하는 이유도, 그리고 사람들이 돈을 원하는 이유도 따지고 보면 결국은 행복을 원하기 때문에 그렇습니다. 그래서 사람들에게 가장 필요하고 중요한 것은 행복입니다.

그렇다면 어떻게 하면 행복해질 수 있을까요? 먹을 것만 많으면 사람은 행복해지는 것일까요? 건강만 하면 행복해집니까? 돈만 많이 있으면 정말 행복해지는 것일까요? 그렇지 않음을 우리는 압니다. 그렇다면 행복은 어디에 있는 것일까요? 제가 믿기에 행복은 마음의 평안, 평화로부터 시작합니다. 사람이 많이 가지고도 행복하지 못한 이유가 어디에 있겠습니까? 마음에 평안이 없기 때문에 그렇습니다. 반대로 가진 것이 없고, 처한 상황이 좋지 못하다 해도 마음에 평안이 있으면 사람은 행복을 느끼며 살 수 있습니다. 그렇다면 결국 사람에게 가장 필요하고 중요한 것은 평안이요, 평화입니다. 그래서 사람들은 마음의 평안을 원하고, 가정의 평화를 원합니다. 자신이 속한 사회가 평화롭기를 바라고, 나라가 평화롭기를 바랍니다. 나아가서는 온 세상이 평화롭기를 진정으로 원하고 있습니다.

그런데 문제는 사람들이 그토록 평안을 원하고 평화를 원하는데도 그것이 잘 이루어지지 않는다는 것입니다. 지금도 이라크에서는 전쟁이 계속 되고 있는데 미군인들 전쟁을 원하며, 이라크 사람들인들 싸움을 원하겠습니까? 그런데도 총성이 멈추어지지 않는 이유는 무엇일까요? 어떻게 하면 개인도 그렇고, 가정도 그렇고, 나라도 그렇고, 참된 평안, 참된 평화를 얻을 수 있겠습니까?

저는 평화의 왕으로 오신 예수 그리스도를 당신에게 소개해 드리고 싶습니다. 사람들이 평화를 원하고 갈구하지만 그것을 얻지 못하는 이유는 다른 것이 아닙니다. 사람들 마음속에 탐욕이 있고, 미움이 있고, 죄가 있기 때문에 그런 것입니다. 또 사람들로부터 평안을 빼앗아 가는 가장 큰 적은 죽음인데 죽음 역시 죄 때문에 오게 된 것입니다. 그런데 하나님께서는 인간을 사랑하셔서 친히 인간의 몸을 입으시고 이 땅에 내려 오셨고, 인간들의 죄 값을 대신 지불하기 위하여 십자가 위에서 피 흘려 돌아가셨습니다. 그 하나님이 바로 예수 그리스도이십니다.

참된 평안을 찾고 계십니까? 평화의 왕으로 오신 예수 그리스도를 당신의 왕으로 모셔들이십시오. 세상이 줄 수 없는 참 평안을 얻게 될 것입니다.

"이는 한 아기가 우리에게 났고 한 아들을 우리에게 주신 바 되었는데 그의 어깨에는 정사를 메었고 그의 이름은 기묘자라, 모사라, 전능하신 하나님이라, 영존하시는 아버지라, 평강의 왕이라 할 것임이라"(이사야 9:6).

"평안을 너희에게 끼치노니 곧 나의 평안을 너희에게 주노라 내가 너희에게 주는 것은 세상이 주는 것과 같지 아니하니라"(요한복음 14:27a).

당신의 문제는 무엇입니까?

신약성경 사복음서에 보면 12년 동안 혈루증을 앓고 있는 한 여인의 이야기가 나옵니다. 혈루증이라는 것은 부인병으로 하혈이 계속되는 병입니다. 그런데 이 여인은 12년 동안 혈루증을 앓아 왔으니 건강 상태가 얼마나 안 좋았겠습니까? 성경에 자세한 내용은 안 나오지만 이 여인은 틀림없이 빼빼 말랐을 것이고, 얼굴도 창백했을 것입니다. 또, 이런 병을 가진 사람은 자주 씻어야 하는데 당시 중동지방의 물 사정이라는 것이 그렇게 좋질 못했습니다. 그러다 보니 이 여인의 몸에서는 좋지 않은 냄새도 났을 것입니다. 또한 이런 병을 가진 여인은 그 당시에 부정한 자로 분류되어 있어서 물건이나 사람을 함부로 만질 수도 없었습니다. 그러니 이 여인의 육체적, 정신적 고통이 얼마나 컸겠습니까?

이 여인에게 한 가지 소원이 있었다면 무엇이었겠습니까? 당연하지요. 병에서 고침을 받는 것이었습니다. 그래서 이 여인은 자신의 병을 고치기 위해 많은 의사들도 만나보았습니다. 그러나 결과는 그렇게 좋질 못했습니다. 마가복음 5장 26절에 보면 "많은 의사에게 많은 괴로움을 받았고 가진 것도 다 허비하였으되 아무 효험이 없고 도리어 더 중하여졌다"고 말씀하고 있습니다. 결국 이 여인은 12년 동안의 혈루증으로 인해 건강도 잃었고, 아름다움도 잃었고, 재산도 잃었습니다. 가정이 있었는지 알 수 없지만 가정도 잃었을 것이고, 인간다운 삶 자체를 잃어버린 가련한 여인이었습니다.

그러던 차에 이 여인이 예수님에 대한 이야기를 듣게 됩니다. 예수님이 백부장의 종의 병을 고쳐주셨다는 이야기와 과부의 죽은 아들을 살려주셨다는 이야기를 들은 것입니다. 그 때부터 이 여인은 예수님이 자기 마을에 다시 오시기만을 간절히 기다리게 되었습니다. 그런데 어느 날, 예수님이 자기 마을에 다시 오셨다는 이야기를 듣게 됩니다.
이 여인은 그 기회를 놓칠 수가 없었습니다. 한 걸음에 달
려가 많은 사람들을 뚫고 예수님께 가까이 나아갔습니다.
그리고는 "예수여 나를 불쌍히 여겨주십시오. 나의 이 혈루
증을 좀 고쳐 주십시오."라고 큰 소리로 외치고 싶었지만
그렇게 할 수가 없었습니다. 왜냐하면 말하기에도 부끄러

운 병이고, 또 잘못 말했다가는 고침을 받기도 전에 사람들에 의해서 부정한 여인이라고 쫓겨날지도 모르기 때문입니다. 그런데 이 여인에게는 한 가지 믿음이 있었습니다. 그녀의 믿음에 대해서 마태복음 9장 21절은 이렇게 이야기합니다. "이는 제 마음에 그 겉옷만 만져도 구원을 받겠다 함이라." 놀라운 믿음이 아닙니까? 결국 이 여인은 그녀의 이러한 믿음 때문에 나음을 입게 되었고, 예수님께로부터 "딸아 네 믿음이 너를 구원하였으니 평안히 가라."(누가복음 8:48) 하는 말씀도 들을 수 있었습니다.

사랑하는 독자 여러분, 이런 것이 예수 그리스도를 믿는 믿음의 힘입니다. 혹시 당신에게도 예수님의 도움이 절대적으로 필요한 부분이 있지 않습니까? 있다면 믿음을 가지고 예수님께 나아가 보시기 바랍니다. 예수님은 지금도 살아 계시고, 당신의 도움이 되어 주시기를 기뻐하십니다.

"수고하고 무거운 짐 진 자들아 다 내게로 오라 내가 너희를 쉬게 하리라"(마태복음 11:28).

"사람으로는 할 수 없으나 하나님으로서는 다 하실 수 있느니라"(마태복음 19:26).

어리석은 자가 되지 마십시오

사람은 많이 아는 것 같지만 사실은 모르는 것이 너무나 많은 존재입니다. 구약성경 욥기에 보면 하나님께서 욥의 무지를 깨우쳐 주시기 위해서 이런 질문들을 하는 것이 나옵니다.

"내가 땅의 기초를 놓을 때에 네가 어디 있었느냐 네가 깨달아 알았거든 말할지니라 누가 그것의 도량법을 정하였는지, 누가 그 줄을 그 위에 띄웠는지 네가 아느냐 그것의 주추는 무엇 위에 세웠으며 그 모퉁잇돌을 누가 놓았느냐 …… 네가 바다의 샘에 들어갔었느냐 깊은 물밑으로 걸어 다녀 보았느냐 사망의 문이 네게 나타났느냐 사망의 그늘

진 문을 네가 보았느냐 땅의 너비를 네가 측량할 수 있느냐 네가 그 모든 것들을 다 알거든 말할지니라 어느 것이 광명이 있는 곳으로 가는 길이냐 어느 것이 흑암이 있는 곳으로 가는 길이냐 너는 그의 지경으로 그를 데려갈 수 있느냐 그의 집으로 가는 길을 알고 있느냐 …… 네가 눈 곳간에 들어갔었느냐 우박창고를 보았느냐 …… 광명이 어느 길로 뻗치며 동풍이 어느 길로 땅에 흩어지느냐 …… 네가 사자를 위하여 먹이를 사냥하겠느냐 젊은 사자의 식욕을 채우겠느냐 …… 까마귀 새끼가 하나님을 향하여 부르짖으며 먹을 것이 없어서 허우적거릴 때에 그것을 위하여 먹이를 마련하는 이가 누구냐 산 염소가 새끼 치는 때를 네가 아느냐 암사슴이 새끼 낳는 것을 네가 본 적이 있느냐 그것이 몇 달 만에 만삭되는지 아느냐 그 낳을 때를 아느냐 …… ″ (욥기 38:4-39:2).

이렇게 계속되는 하나님의 질문 앞에 당신은 얼마나 많이 안다고 말할 수 있겠습니까? 저는 이 글들을 죽 읽으며 속으로 "아니요", "모르는데요" 라는 대답 밖에 할 수가 없었습니다. 그리고 제 자신이 얼마나 무지한 존재이며, 반면 하나님은 얼마나 위대한 분이신지를 새삼 깨닫게 되었습니

다. 그러면서 이런 생각을 해보았습니다. '사람이 하나님에
대하여 왈가왈부하는 것은 아메바가 인간에 대하여 왈가왈
부하는 것과 다를 것이 없다.'

아메바가 말하기를 "인간이라는 존재는 없어"라고 한다
면 얼마나 웃긴 이야기입니까? 그런데 사람들 중에는 이런

사람들이 많다는 것입니다. 자기 눈에 하나님이 안 보인다고 자기의 지식과 경험을 바탕으로 "하나님은 없다"라고 단정해 버립니다. 어리석음의 소치가 아닐 수 없습니다.

하나님께서 하신 질문 중에 "땅의 너비를 네가 측량할 수 있느냐?" 하는 질문이 있었습니다. 지구의 크기도 다 측량하지 못하는 것이 인간인데 태양계는 어떻게 이해하며, 우주는 또 어떻게 이해할 수 있겠습니까? 그리고 이 모든 우주만물과 인간을 창조하신 하나님은 어찌 다 이해할 수 있겠습니까?

하나님 앞에 모든 인생들은 겸손해져야 할 것입니다. 그리고 하나님의 말씀 앞에 무조건 승복해야 할 것입니다.

"어리석은 자는 그의 마음에 이르기를 하나님이 없다 하는도다 그들은 부패하고 그 행실이 가증하니 선을 행하는 자가 없도다 여호와께서 하늘에서 인생을 굽어살피사 지각이 있어 하나님을 찾는 자가 있는가 보려 하신즉 다 치우쳐 함께 더러운 자가 되고 선을 행하는 자가 없으니 하나도 없도다"(시편 14:1–3).

"죄의 삯은 사망이요 하나님의 은사는 그리스도 예수 우리 주 안에 있는 영생이니라"(로마서 6:23).

천국과 지옥은
실재하는 곳입니다

신약성경 누가복음 16장에 보면 한 부자와 나사로라고 하는 거지의 이야기가 나옵니다. 예수님께서 해주신 이야기인데 이 이야기를 깊이 생각해보면 정말 충격적이지 않을 수 없습니다. 어떤 사람들은 너무나 충격적이어서 그런지 이 이야기는 실제가 아니고, 예수님이 그냥 지어서 한 이야기라고 생각합니다. 그런데 이 이야기는 예수님이 지어낸 이야기가 아니라 실재하는 이야기입니다.

이야기는 이렇습니다. 한 부자가 있었는데 이 사람은 좋은 옷을 입고 좋은 음식을 먹으며 인생을 즐기며 살았습니다. 거기에 비해 나사로라고 하는 거지는 헌데 투성이의 몸으로 부자의 집 앞에 누워 헌데를 핥으며 그의 상에서 나오는 음식찌꺼기로 배를 채우며 하루하루 살았습니다. 그러다가 세월이 흘러 부자도 죽고 거지도 죽었습니다. 부자는 장례식도 굉장히 화려했겠지요. 반면 거지는 거적때기 같은 것에 대충 싸여 버려졌을 것입니다. 여기까지가 두 사람의 삶에 대해서 사람들이 눈으로 확인할 수 있는 부분입니다.

그런데 예수님은 죽음 이후에 이들이 어떻게 되었는가 하는 것에 대해서 계속 이야기를 해 주셨습니다. 부자는 죽어서 지옥에 갔고, 거지 나사로는 천국에 갔습니다. 그리고 부자는 고통을 당하고, 나사로는 위로를 받습니다. 이들의 운명이 이렇게 갈리게 된 것은 이들이 부자였고, 거지였기 때문은 물론 아닙니다. 그러나 우리는 이 두 사람이 가게 된 천국과 지옥에 대해서 한 번 생각해 볼 필요가 있습니다. 예수님께서 이런 이야기를 해 주셨을 때는 없는 이야기를 가지고 지어서 하신 것이 결코 아닙니다. 천국과 지옥은 분명히 존재하는 곳이기에 말씀해 주신 것입니다. 하나님을 믿지 않는 사람도 사후 세계에 대해서는 어느 정도 믿고 있는 듯합니다. 그래서 사람들은 사람이 죽으면 그 영혼이

어디론가 갔다고 생각을 합니다. 몸은 흙으로 돌아갔지만 그 영혼은 어딘가에 살아있을 것이라고 생각을 합니다. 그래서 제사도 드리는 것 아니겠습니까. 하나님의 말씀에 의하면 사람은 죽으면 천국 아니면 지옥, 둘 중에 한 곳으로 갑니다. 그리고 천국과 지옥을 결정짓는 것은 하나님의 말씀에 대하여 어떻게 반응을 하였는가에 달려 있습니다.

하나님의 말씀은 모든 사람이 죄인이라고 이야기합니다. 죄의 값은 사망이요 멸망이라고 이야기합니다. 그런데 하나님께서는 죄인들을 사랑하셔서 예수님을 이 땅에 보내

주셨고, 예수님으로 하여금 십자가 위에서 죄 값을 지불케 하셨습니다. 그래서 누구라도 자신이 하나님 앞에 죄인인 것을 알고, 예수님께서 자신을 위하여 하신 일을 진심으로 믿고 받아들이면 하나님의 자녀로 삼아주시고, 천국에서 영원히 살게 해 주십니다.

당신은 어디에서 영원을 보내기 원하십니까? 당신은 죽음을 맞이할 준비가 되어있습니까? 지금은 당신이 천국과 지옥을 믿지 않을 수도 있습니다. 그러나 죽는 즉시 당신도 믿게 될 것입니다. 그러나 그 때는 이미 늦었습니다. 오늘 당신의 영원한 운명을 바꾸시지 않으시겠습니까?

"그가 음부에서 고통 중에 눈을 들어 멀리 아브라함과 그의 품에 있는 나사로를 보고 불러 이르되 아버지 아브라함이여 나를 긍휼히 여기사 나사로를 보내어 그 손가락 끝에 물을 찍어 내 혀를 서늘하게 하소서 내가 이 불꽃 가운데서 괴로워하나이다 …… 내 형제 다섯이 있으니 그들에게 증언하게 하여 그들로 이 고통받는 곳에 오지 않게 하소서"(누가복음 16:23-28).

빈손으로 가는 인생

김춘자

'빈 손으로 가는 인생' – 목사님의 설교를 들으면서 모든 것이 덧없다는 것을 다시 한 번 깨닫게 된다. 18년 전, 떠올리기조차 힘들던 나의 모습이 어제 일처럼 스쳐 지나간다.

스물 넷. 결혼은 나에게 있어 세상에 부러울 것 없는 시작이었다. 가정적인 남편, 좋은 집과 큰 차, 두 아들과 많은 돈……. 그것들은 내가 가지고 있는 세상의 전부였고, 나는 그 세상을 지키기 위해 안간힘을 쓰며, 내가 가진 세상 밖의 일에는 전혀 관심이 없었다.

서른 하나. 맑게 개인 하늘에 아주 커다란 먹구름이 찾아왔다. 그토록 가정적이던 남편이 도박에 손을 대면서 삶은 지옥으로 변해갔다. 남편을 제 자리에 앉히기 위해 나는 2

년 동안 내가 아닌 거친 여자로 살아가게 되었다. 그렇게 남편과의 갈등과 고통으로 몸부림치던 어느 날, 내 몸에 이상 증세가 있다는 것을 발견하게 되었다. 위암 진단! 3개월을 넘기기 힘들 거라는 청천벽력 같은 사형선고를 받게 된다.

'이제 서른하고도 한 살인데, 내가 죽게 되다니······.'

믿을 수 없었지만 어린 두 아들을 바라보며 죽음을 준비해야만 했다.

'사람이 죽으면 천국과 지옥이 있다고 하던데······.'

무심코 들었던 말이 떠올라 난 두려워졌다. 3개월을 넘기기 힘들다고 했지만 난 위를 모두 절제하는 수술을 했고,

 항암치료를 받게 되었다. 숨쉬는 것조차 힘들어서 눈물로 하루 하루를 보내고 있을 무렵, 동네 아주머니로부터 예수님에 대해 듣게 되었다. 무조건 붙잡고 싶어서

예수님께 살려달라고 몸부림치며 울었다. 그리고 그 아주머니의 인도로 교회에 나가게 되었다. 나 때문에 예수님께서 돌아가셨다는 놀라운 사실을 안 후, 나는 곧 예수님을 내 마음에 영접하게 되었다. 영접함과 동시에 나에게 주어지는 것은 천국! 그것은 하나님의 선물이지 어떤 행위가 아니라는 사실이 나의 마음을 기쁘게 했고, 그 날 이후로 죽음은 더 이상 나에게 두려움의 대상이 아니었다.

"그런즉 누구든지 그리스도 안에 있으면 새로운 피조물이라 이전 것은 지나갔으니 보라 새 것이 되었도다"(고린도후서 5:17).

나의 마음은 새롭게 되었고, 삶이 어렵고 고달프지만 준비된 마음으로 주일을 기다리며, 사모하는 마음을 갖게 되었다. 하루에도 몇 번씩 죽음을 경험하는 생활과 여전히 도박하는 남편과의 갈등 속에서 나는 아내와 어머니의 자리를 지켜내야만 했다. 나는 지혜롭게 잘 이겨나갈 수 있도록 기도하면서 눈물은 하나님께만 보였다. 그럴 때마다 주님은 말씀으로 위로하시며 남편의 영혼을 위해 기도하라는 마음을 주셨다.

마흔 아홉. 나는 살아있다. 나는 지금 빈 손이지만 스물 네 살 때 가졌던 많은 것들이 부럽지 않다. 이 시간에도 내 빈 손에 끊임없이 부어주시는 하나님의 사랑과 은혜가 넘쳐흐르기 때문이다. 의학적으로 3개월 밖에 살지 못한다던 나를 구원해 주시고 지금까지 인도해 주신 주님! 하나님과 등진 삶을 살던 남편을 교회에 나오게 해 주시고, 믿음 안에 장성한 두 아들, 또 사랑하는 동생들을 줄줄이 구원시켜 주신 주님의 은혜를 조용히 돌아보니 생각하기조차 싫었던 순간 순간들이 하나님의 선하신 인도하심이었다.

빈 손으로 가는 인생. 손이 가벼워지니 마음이 참 편하다. 예전에는 미처 몰랐던 일용할 양식을 주시는 하나님을 경험하며, 요즘은 그 어느 때 보다 감사하게 살고 있다. 내 인생에 큰 바램이 있다면 나의 가정이 하나님만 섬기는 가정이 되는 것이고, 아직 믿지 않는 부모님과 남동생들도 나와 같은 풍성한 삶을 누리게 되는 것이다.

빈 손으로 가는 인생!

하늘 나라도 가볍게 올라갈 수 있을 것이다.

김·춘·자

매사에 명랑하고 긍정적인 성격으로, 위암을 믿음과 강한 의지력으로 극복하고 현재 남편과 두 아들과 함께 서울시 중곡동에서 은혜 안에 살고 있다.

복 받는 삶으로의 초대

사람들은 복 받기를 좋아합니다. 그래서 늘 새해가 되면 "새해 복 많이 받으세요"라는 인사를 합니다. 사람들이 생각하는 복이란 주로 건강하고, 돈 잘 벌고, 평안하고, 하는 일마다 잘 되는 것을 이야기합니다. 이런 것이 복의 전부는 아니지만 사람들에게 중요한 복임에는 틀림없습니다. 그런데 문제는 사람들이 이러한 복을 받기는 원하면서도 어떻게 하면 받을 수 있는지 그 방법을 잘 모른다는 것입니다.

얼마 전에 신문을 보니까 경남 의령에 삼성그룹의 창업자인 이병철 회장의 생가(生家)가 있는데 그곳을 연초부터 방문객들이 그렇게 많이 찾는다고 합니다. 찾는 목적은 부자 되는 기(氣)를 받기 위해서라고 합니다. 그래서 어떤 사람들은 그 집의 기둥을 만지며, 또 어떤 사람들은 기둥을 안고 "부자 되게 해 달라", "사업 잘 되게 해 달라" 하면서 기원을 한다고 하는데 그렇게 한다고 부자가 되는 것은 아니지요.

올해는 '쥐의 해'라 좀 조용하지만 작년에는 '황금돼지의 해'라고 해서 온 나라가 떠들썩했던 것을 기억합니다. 몇 백 년 만에 찾아온 '황금돼지의 해'에는 뭐라도 하기만 하면 잘될 것 같은 생각이 들 정도였습니다. 그러나 돌이켜 보면 '황금돼지의 해'라고 해서 뭔가 특별히 잘된 것은 없습니다. 그저 잘 되기를 바라는 사람들의 기대감에 대한 표출에 불과했던 것을 알 수 있습니다.

그러면 어떻게 하면 정말 복을 받을 수 있을까요? 구약 성경 잠언 3장 1-10절을 보면 거기에 복 받을 수 있는 비결이 나와 있는 것을 보게 되는데, 결론적으로 말씀드리면 사람은 하나님을 경외(敬畏)하고 하나님을 잘 섬길 때 복을 받을 수 있습니다. 그리고 그 복으로는 건강과 장수, 명예와 재물을 하나님께서 약속하고 계십니다. 결국 사람들이

갈구하는 복은 하나님을 경외하고 섬기는 삶 속에 있다는 것입니다.

이 말씀을 어떻게 받아들일까 하는 것은 전적으로 개인의 생각에 달렸겠지만 저는 이 말씀을 믿습니다. 왜냐하면 하나님은 지금도 살아계시고 그 하신 말씀대로 실행하시는 분임을 믿기 때문입니다.

2008년 새해도 이미 한 달이 지났습니다. 2008년 한 해 동안, 아니 당신의 남은 생애를 통하여 정말 복 받기를 원하신다면 당신도 살아계신 하나님을 경외하고 섬기시기를 바랍니다. 하나님만이 당신에게 복을 주실 수 있는 유일한 분이십니다. 잠언 3장 1-10절의 말씀이 당신의 삶 속에 이루어지기를 간절히 기원합니다.

"내 아들아 나의 법을 잊어버리지 말고 네 마음으로 나의 명령을 지키라 그리하면 그것이 네가 장수하여 많은 해를 누리게 하며 평강을 더하게 하리라 인자와 진리가 네게서 떠나지 말게 하고 그것을 네 목에 매며 네 마음판에 새기라 그리하면 네가 하나님과 사람 앞에서 은총과 귀중히 여김을 받으리라 너는 마음을 다하여 여호와를 신뢰하고 네 명철을 의지하지 말라 너는 범사에 그를 인정하라 그리하면 네 길을 지도하시리라 스스로 지혜롭게 여기지 말지어다 여호와를 경외하며 악을 떠날지어다 이것이 네 몸에 양약이 되어 네 골수를 윤택하게 하리라 네 재물과 네 소산물의 처음 익은 열매로 여호와를 공경하라 그리하면 네 창고가 가득히 차고 네 포도즙 틀에 새 포도즙이 넘치리라"(잠언 3:1-10).

성경을 어떻게
믿을 수 있냐고요?

일전에 한 소녀와 대화를 나눈 적이 있습니다. 그 소녀는 하나님의 존재에 대해서는 믿을 수가 있겠는데 예수님이 하나님이라는 것은 어떻게 믿을 수가 있냐고 제게 질문을 하였습니다. 그 소녀의 질문에 저는 성경이 그렇게 말하고 있으니까 그것을 믿을 수 있다고 말해 주었습니다. 그랬더니 그 소녀는 그럼 성경은 어떻게 믿을 수 있냐고 제게 또 물었습니다. 저는 잠시 생각을 한 후에 제 나름대로 성경을 믿고 있는 이유에 대해 설명을 해주었습니다.

오늘날 많은 사람들이 예수님을 믿지 못하는 가장 큰 이유는 바로 그 소녀와 같이 성경에 대해서 믿지 못하는 마음 때문이라고 생각합니다. 성경만 믿을 수 있다면 성경이 말하는 모든 것은 당연히 믿을 수밖에 없겠지요. 이 글을 읽는 분들 중에도 이런 이유 때문에 예수님을 믿지 않고 있는 분들이 계실지 모르겠습니다. 그래서 저는 이 지면을 통해 제가 성경을 믿는 이유에 대해서 간단히 말씀을 드리려고 합니다.

저는 크게 세 가지 이유 때문에 성경을 믿습니다. 첫째는 성경이 1,600년이라는 긴 세월에 걸쳐 40여명의 사람들에 의해 기록이 되었음에도 불구하고 그 내용이나 흐름에 있어서 모순이 전혀 없다는 것입니다. 놀랍지 않습니까? 세상에 이런 책이 성경말고 어디에 또 있겠습니까! 저는 지금까지 성경을 여러 번 읽었고 나름대로 공부도 했습니다. 그런데 아직까지 성경에서 모순을 발견하지 못했습니다. 그것이 제가 성경을 믿는 첫 번째 이유입니다.

둘째는 성경 속에 기록되어 있는 예언들이 실제적으로 이루어졌으며, 고고학적으로나 과학적으로 볼 때도 성경에 틀린 내용이 없다는 것입니다. 성경에는 많은 예언이 기록되어 있습니다. 오실 메시아가 어디서 태어날 것이며 어떠한 죽임을 당할 것인가에서부터 이 세상에 어떤 왕국들이

일어나고 소멸될 것인가 등
등 많은 예언들이 기록되어
있는데 그 예언들이 다 그대
로 이루어졌습니다. 또 성경
에 나와 있는 내용 중에 과
학적으로나 고고학적으로
볼 때도 틀린 것이 전혀 없
습니다. 이 모든 것들이 무
엇을 말해줍니까? 성경 스스로의 주장대로 성경은 하나님
의 영감으로 기록된 하나님의 말씀이라는 것이지요. 그래
서 저는 성경을 믿습니다.

　마지막 세 번째는 예수님의 제자들의 삶을 볼 때 성경을
믿지 않을 수 없고, 예수님을 믿지 않을 수 없다는 것입니
다. 성경에 기록된 내용 중에 가장 받아들이기 어렵고 믿기
힘든 부분이 있다면 그것은 예수님이 부활하셨다는 내용일
것입니다. 그런데 저는 이것도 사실로 믿습니다. 그리고 그
렇게 믿는 중요한 이유 중의 하나가 예수님의 제자들이 보
여준 삶 때문입니다. 예수님의 제자들이 외친 메시지는 예
수는 사람들의 죄를 위하여 죽었고 죽은 지 삼 일만에 다시

살아났다는 것입니다. 그리고 그들은 그것을 전하기 위해 한결같이 고난의 삶을 살았고 급기야는 순교당함으로 그들의 생을 마감했습니다. 이 세상에 거짓말을 전하기 위해 고난 받을 사람이 있겠으며 죽을 사람이 있겠습니까? 거짓을 전하면서 혹시 잘 먹고 잘 살았다면 모르겠지만 제자들의 삶은 전혀 그런 것이 아니었습니다. 무엇을 말해줍니까? 제자들이 전한 내용은 진실이었다는 것이지요. 그들은 예수님의 부활을 목격했기에 그 사실을 전하지 않을 수 없었고 그것을 위해 기꺼이 죽을 수도 있었던 것입니다. 그래서 저는 성경을 믿고 거기에 기록된 말씀들을 사실로 받아들입니다.

당신은 성경에 대해서 어떻게 생각하십니까? 성경을 믿을 만한 증거는 충분한 것 같지 않습니까?

"모든 성경은 하나님의 감동으로 된 것으로 교훈과 책망과 바르게 함과 의로 교육하기에 유익하니"(디모데후서 3:16).

"오직 이것을 기록함은 너희로 예수께서 하나님의 아들 그리스도이심을 믿게 하려 함이요 또 너희로 믿고 그 이름을 힘입어 생명을 얻게 하려 함이니라"(요한복음 20:31).

당신의 생각이
틀릴 수도 있습니다

　　　한 법학 교수가 있었습니다. 이 법학 교수는 매년 첫 수업시간이 되면 자기가 맡은 새로운 학생들에게 이런 질문을 던지곤 했습니다.

　"여러분 같으면 이러한 상황에서 어떻게 권해드리겠습니까?"

　상황은 이렇습니다.

　한 남자가 있었습니다. 이 사람은 성격이 그렇게 좋은 편이 못되었습니다. 어떻게 보면 굉장히 가혹하고 혹독한 사람이었습니다. 어떤 기록을 보면 이 사람은 술 중독자였고, 직업도 꾸준히 가지고 있지를 못하는, 가장으로서는 형편 없는 사람이었습니다. 그리고 이 사람의 아내는 건강이 좋지 못했습니다. 그래서 나중에는 결국 결핵으로 죽고 맙니다. 이 여자에게서는 모두 일곱 명의 자녀가 태어나는데 그중 세 자녀만 성인이 될 때까지 살아남고, 네 자녀는 어릴 때 죽습니다. 그 당시에는 장티푸스, 디프테리아, 천연두 등 온갖 질병들이 만연하고 있었습니다. 매독이라는 병도 기승을 부리고 있었는데 매독이라는 성병은 모체로부터 태아에게로 전염될 수도 있는 아주 무서운 병이었습니다. 그런데 문제는 이런 상황 속에서 이 남자의 아내가 예상치 않은 임신을 하게 되었다는 것입니다. 첫 아이를 낳아서 6일 만에 잃고 2년이 안 되어서 아기가 생긴 것입니다.

교수는 여기까지 이야기를 하고 유심히 학생들을 쳐다보며 처음에 했던 질문으로 돌아갑니다.

"이러한 상황이라면 여러분들은 어떻게 권해 드리겠습니까?"

학생들의 지성과 논리가 머릿속에서 번득이기 시작합니다. 가정적인 상황, 아이 어머니의 건강상태, 많은 질병과 낮은 생존율, 이 모든 것을 종합해서 결론을 내리기에는 그리 오랜 시간이 걸리지 않았습니다.

"그와 같은 상황이라면 낙태시키는 것이 좋겠습니다."

교수는 학생들의 얼굴을 다시 한 번 찬찬히 살펴봅니다. 그리고 이렇게 말합니다.

"여러분, 여러분들은 방금 베토벤을 죽였습니다."

사람들은 이 세상을 살아갈 때 나름대로 자기의 논리와 생각을 가지고 살아갑니다. 그런데 사람들의 논리나 생각이라고 하는 것이 때로는 틀릴 수도 있다는 것입니다. 그리고 어떤 경우에는 그것이 틀려도 큰 문제가 되지 않을 수 있지만, 어떤 경우에 있어서는 정말 심각한 문제를 초래할 수도 있다는 사실입니다.

하나님의 말씀에 의하면 이 땅의 모든 사람들은 '생명의 길' 아니면 '사망의 길'을 걸어가고 있습니다. 그런데 심각한 문제는 너무나 많은 사람들이 지금 자신이 이 두 길 중에 한 길을 걷고 있다는 사실 자체도 알지 못하고 있고, 또 어떤 사람들은 자신이 '생명의 길'을 걷고 있다고 생각하지만 사실은 '사망의 길'을 걸어가고 있다는 것입니다.

이 글을 읽고 있는 당신은 어떻습니까?

앞에서 말씀드린 젊은 대학생들은 그들의 논리와 생각으로 베토벤을 죽였습니다. 혹시 당신은 지금 당신의 논리와 생각으로 당신의 영혼을 사망의 길로 인도하고 있지는 않습니까?

"어떤 길은 사람의 보기에 바르나 필경은 사망의 길이니라"(잠언 14:12).

희망을 잃어버리셨습니까?

　　얼마 전에 발표된 통계청 자료에 의하면 한국에서 자살로 죽는 20, 30대 사람들의 수가 교통사고나 암으로 죽는 사람들의 수보다 더 많다고 합니다. 한창 꿈 많은 나이고 그 꿈을 펼쳐나가야 하는 나이인데 스스로 목숨을 끊는 젊은이들이 그렇게 많다고 하니 비극이 아닐 수 없습니다. 자살을 택할 수밖에 없었던 그들 나름대로의 이유는 있겠지만 그래도 꼭 그 길 밖에 없었겠나 하는 생각을 해보게 됩니다.

　　구약성경에 보면 '욥'이라는 사람의 이야기가 나옵니다. 그 사람이 처한 상황을 보면 그 사람이야말로 자살할만한 충분한 이유가 있었
던 사람이 아닌가 생
각됩니다. 그는 부자
였고 건강했으며 행
복한 가정을 가진 사
람이었지만 일순간
에 그가 가진 모든
것을 다 잃고 말았습
니다. 그 많던 재산
도 잃어버렸고 사랑
하는 열 자녀도 일순
간에 다 잃었습니다. 그리고 그의 몸에는 견디기 어려운 악
창이 나서 그를 괴롭히기 시작합니다. 이런 상황에서 살 소
망이 어디에 있겠습니까? 그래서 그는 모든 되어진 상황을
생각하면서 '내가 차라리 태어나지 않았더라면 좋았을 것
을……' 하며 자신의 출생을 한탄하고 저주합니다. 그리고
더 이상의 고통도 괴로움도 없는 죽음을 동경하기까지 합
니다.

　　그런데 중요한 것은 그와 같은 상황에서도 그가 자살하

지 아니했다는 것입니다. 무엇이 그로 하여금 스스로 목숨을 끊지 않게 했는지 궁금하지 않으십니까? 그에게는 하나님을 경외하는 신앙이 있었습니다. 그리고 그 신앙 때문에 사람으로서는 감당하기 어려운 고통 앞에서도 그는 이렇게 말합니다.

"모태에서 빈손으로 태어났으니 죽을 때도 빈손으로 돌아갈 것입니다. 주신 분도 주님이시요, 가져가신 분도 주님이시니 주님의 이름을 찬양할 뿐입니다."

놀라운 고백 아닙니까? 철저하게 망가진 자신의 삶에 대하여 하나님을 원망할 수도 있는 상황인데도 오히려 그는 하나님을 찬양했습니다. 이런 믿음을 가졌으니 스스로 목숨을 끊을 리 없는 것이지요. 나중에 하나님께서 다시 그의 모든 것들을 회복시켜 주셨을 때 그는 이렇게 고백을 합니다.

"내가 주께 대하여 귀로 듣기만 하였사오나 이제는 눈으로 주를 뵈옵나이다."

그렇습니다. 삶 가운데 시련이 있을 때 그것을 견디기란 쉽지 않습니다. 그러나 하나님을 신뢰하는 신앙 가운데서 참고 견디면 오히려 그것이 축복이 될 수도 있다는 것입니다. 중요한 것은 고통이 내 삶 가운데 찾아왔을 때 그 고통을 나 혼자 견디느냐, 아니면 고통을 허락하신 하나님의 뜻을 생각하면서 견디느냐 하는 것입니다.

이 글을 읽고 있는 당신의 삶 가운데는 혹시 고통이 없습니까? 당신 혼자 고통을 이겨낸다고 하는 것은 쉽지 않을지도 모릅니다. 당신이 아직 하나님을 알지 못하는 분이라면 저는 당신에게 하나님을 꼭 소개해 드리고 싶습니다. 그분은 당신을 지은 분이시고, 당신을 사랑하고 계시며, 당신의 모든 문제에서 당신을 건져주실 수 있는 분이십니다. 그분을 만나십시오. 그리하면 당신의 고통은 더 이상 고통이 아니요, 당신을 축복해 주시기 위한 하나님의 도구임을 발견하게 될 것입니다.

"내가 가는 길을 그가 아시나니 그가 나를 단련하신 후에는 내가 순금 같이 되어 나오리라"(욥기 23:10).

"사람이 감당할 시험 밖에는 너희가 당한 것이 없나니 오직 하나님은 미쁘사(신실하사) 너희가 감당하지 못할 시험 당함을 허락하지 아니하시고 시험 당할 즈음에 또한 피할 길을 내사 너희로 능히 감당하게 하시느니라"(고린도전서 10:13).

사랑의 하나님께서
당신을 기다리십니다

　　한 아버지에게 두 아들이 있었습니다. 어느 날 작은 아들이 아버지에게 찾아와 자신이 유산으로 받게 될 몫을 미리 달라고 요구하였습니다. 아버지와 함께 사는 것이 행복인줄 알지 못하고 아버지를 떠나 먼 곳으로 가기 위함이었습니다. 아버지는 아들을 말려도 보고, 달래도 보았지만 아들은 완강했습니다. 결국 아버지는 작은 아들의 몫을 떼어 주었고, 아들은 먼 곳으로 떠났습니다.

　　아버지를 떠나 새로운 세상에 온 아들은 나름대로의 자유와 행복을 맛보며 아버지께 받은 돈으로 인생을 마음껏 즐기며 살았습니다. 좋은 차도 뽑아 타고 다니고, 아름다운 여인들과 술 파티도 벌이며 흥청망청 살았습니다. 그러나 결국 가진 돈은 줄어들 수밖에 없었고, 아들은 어느새 빈털터리가 되고 말았습니다.

돈이 떨어지자 언제까지나 함께 해 줄 것 같았던 사람들도 아들의 곁을 떠나갔습니다. 아들은 외로웠습니다. 배도 고팠습니다. 그리고 아버지와 집이 생각났습니다. 아버지를 뵐 면목이 없었지만 그래도 돌아갈 곳은 아버지의 집 밖에 없었기에 야단을 치면 맞고, 쫓아내면 쫓겨날 것을 각오하고 아버지의 집을 향해 무거운 발걸음을 옮기기 시작합니다.

집으로 돌아가는 이 아들을 아버지는 어떻게 대할까요? 아버지는 아들이 집을 떠난 그 순간부터 줄곧 이 아들이 돌아오기만을 기다렸습니다. 아들이 돌아오던 그 날도 아버지는 혹시 오늘은 아들이 돌아오지 않을까 해서 멀리서부터 바라보며 아들을 기다리고 있었습니다. 알아보기 힘든 몰골의 아들이 마을 어귀에 나타났을 때 제일 먼저 그를 알아본 사람도 물론 아버지였습니다. 한 번도 잊어본 적이 없는 아들이었거든요. 아버지는 멀리서부터 달려오셔서 아들을 부둥켜안고 얼굴을 비비고 입을 맞추며 말로 표현할 수 없을 정도로 반갑게 맞아주었습니다. 그리고 돌아온 아들을 위하여 온 동네 사람들을 불러 모아놓고 큰 잔치를 벌였습니다. 마치 아들이 금의환향이라도 한 것처럼 말이지요. 아버지와 아들은 한없이 기쁘고 행복했습니다.

신약성경 누가복음에 나오는 '탕자의 이야기'입니다. 이 이야기에서 사랑이 많은 아버지는 하나님을, 아버지를 떠나 방황하는 삶을 살았던 아들은 하나님을 떠나서 살아가고 있는 인생들을 나타내고 있는 것입니다. 만일 이 글을 읽고 있는 당신이 아직 하나님을 알지 못한다면, 그래서 하나님을 떠나서 살아가고 있다면, 죄송한 이야기지만 당신이 이 탕자에 해당되는 사람입니다. 설령 인간의 관점으로는 비교적 선한 삶을 살아가고 있다고 해도 하나님을 떠나서 살아가는 인생은 탕자일 수밖에 없으니까요.

당신은 하나님에 대해서 아무런 생각 없이 살아가고 있을 수도 있고, 하나님의 사랑을 미처 깨닫지 못하고 있을 수도 있습니다. 그러나 이 순간에도 당신을 향한 하나님의 사랑은 계속되고 있습니다. 그리고 당신이 돌아오기를 간절히 기다리고 계십니다.

"사랑은 여기 있으니 우리가 하나님을 사랑한 것이 아니요 하나님이 우리를 사랑하사 우리 죄를 속하기 위하여 화목 제물로 그 아들을 보내셨음이라"(요한일서 4:10).

웰빙 (well-being), 웰다잉 (well-dying)

　　언제부터인가 사람들은 웰빙에 대해서 지대한
관심을 가지기 시작했습니다. 과거 가난했던 시절에는 먹
고 살기만 하면 되었는데 이제 좀 먹고 살만하니까 웰빙,
즉 잘 먹고 잘 지내는 것에 대해 관심을 가지게 되었다고

생각합니다. 그래서 요즘은 먹는 것도 웰빙, 입는 것도 웰빙, 거주하는 것도 웰빙, 하여튼 모든 것이 웰빙을 염두에 두고 생활하는 시대가 되었습니다.

그런데 웰빙 못지 않게 중요한 것이 있는데 그것은 웰다잉이라고 생각합니다. 즉 잘 죽는 것이지요. 왜냐하면, 한 번 생각을 해 보십시오. 한 평생 잘 먹고 잘 지냈다고 생각했는데 죽을 때 평안히 죽지 못한다거나 죽으면서 후회할 일이 있다면 그것이 얼마나 안 좋은 일입니까! 그래서 사람은 살기도 잘 살아야 하지만 이에 못지 않게 잘 죽을 줄도 알아야 하는 것입니다.

그럼 어떻게 하는 것이 잘 죽는 것일까요? 개인적으로 제가 생각하는 것 두 가지를 말씀드려 보면 첫째, 사람은 죽을 때 후회하는 일이 없어야 합니다. 죽을 때 아무런 후회 없이 죽을 수 있는 사람은 이 세상에 그렇게 많지 않을 것입니다. 그러나 우리는 최대한 후회 없이 죽을 수 있도록 노력할 줄 알아야 합니다.

일반적으로 사람이 죽을 때 가장 많이 후회하는 것이 무엇일까요? 일을 더 많이 하지 못한 것일까요? 돈을 좀 더 벌지 못한 것일까요? 아니면 더 높은 명예나 권력을 얻지 못한 것일까요? 사람들이 죽을 때 후회하는 것은 이런 것들이 아닙니다. 일반적으로 사람들이 가장 많이 후회하는 것은 사랑하는 가족들과 더 많은 시간, 더 행복한 시간을 갖지 못한 것입니다.

젊었을 때는 일하기에 바쁘고 돈 벌기에 바빠서 정작 중요한 사랑하는 가족들과 보내는 시간에 대해서는 소홀합니다. 가족이 일을 위하여 존재하는 것인지 아니면 일이 가족을 위해 존재하는 것인지 구분하기도 어렵습니다. 그러다가 결국 죽음의 자리에서 아쉬워하고 후회하게 되는 것입니다.

시간이 있을 때, 아니 시간을 만들어서 사랑하는 가족들과 함께 좋은 시간을 많이 보내시기 바랍니다. 너무 박하게도 살지 마시고, 넉넉한 인심으로 베풀며, 용서하며 사십시오. 그래야 조금이라도 덜 후회할 수 있습니다.

둘째, 사후세계에 대한 준비가 되어 있어야 합니다. 오래전에 〈믿거나 말거나 박물관〉에서 본 한 묘지의 글이 생각납니다. "오갈 데 없는 영혼 이곳에 잠들다."

사람은 죽으면 어떻게 되는가, 사람의 영혼은 어디로 가는가 하는 것은 사람들의 오랜 궁금증 가운데 하나입니다.

거기에 대해서 가장 정확하게 이야기하는 책이 하나님의 말씀인 성경인데, 성경에 의하면 사람은 죽으면 천국 아니면 지옥, 두 곳 중의 한 곳으로 가게 되어 있습니다. 이것을 '믿거나 말거나' 식으로 받아들일 수도 있겠지만 성경을 전문적으로 공부하고 있는 필자는 성경이 진리의 책이라는 것과 천국과 지옥에 대한 기록이 사실인 것을 압니다.

사람이 젊었을 때는 죽음에 대해서 별로 생각을 안 하고 살지만 죽음은 언젠가 한 번은 반드시 찾아오게 되어 있습니다. 만약 당신이 오늘 갑자기 죽음을 맞이하게 되었다고 생각해 봅시다. 당신은 정말 편안하게 눈 감을 수 있겠습니까? 죽음에 대한 두려움이 당신에게는 없습니까? 하나님이 정말 살아계시고, 천국과 지옥이 실제로 존재한다면 당신은 어떻게 하시겠습니까? 당신이 가게 될 곳은 어디일까요?

웰빙 못지 않게 중요한 것이 웰다잉입니다. 아니 더 중요합니다. 당신의 웰다잉 프로그램은 어떻습니까?

"너는 내일 일을 자랑하지 말라 하루 동안에 무슨 일이 일어날는지 네가 알 수 없음이니라"(잠언 27:1).

행자(行者), 진리를 발견하다

김홍규

예수님 믿기 전, 22세 무렵에 저는 세상살이에 염증을 느끼고 출가를 하여 전남 승주 송광사로 입산을 했었습니다. 입산하기 전에 고승들의 전기를 읽으면서 저도 그 스님들처럼 진리를 깨닫고 중생을 구제하리라는 포부를 가졌었습니다. 절에서의 생활은 새벽 3시에 기상해서 5시까지 예불을 하고, 6시까지는 청소와 식사 그리고 하루 종일 불경강좌를 듣고 공부를 하다가 저녁 9시에 잠자리에 드는 식이었습니다. 그런 식으로 행자생활을 하던 중 원래 계획에는 없었는데 윤화스님의 설법을 듣게 되었습니다.

당시 윤화스님은 한국보다는 일본에서 더 존경받는 유명한 스님으로 학식이 아주 깊은 학승(학식과 도량이 뛰어난 스님)이셨습니다. 송광사는 큰 절이기에 스님들이 많이 계셨는데 그 분들 중에서도 다섯 손가락 안에 드는 분이었습니다. 법정스님이나 성철스님처럼 세상에 널리 알려진 분은 아니었지만 불교계 내에서는 유명한 분으로 그 날의 강의과목은 '초발심자경문' 이었습니다. 그것은 일종의 '도에 어떻게 입문할 것인가' 라는 내용을 다루는 과목이었습니다. 이 분이 한 30분 정도 강의를 하시더니 마치실 무렵에 개인적인 고백을 하셨습니다. "내가 대학을 졸업하고 진리를 깨우치기 위해 입산수도한지 30년이 넘었지만 나는 아직도 진리가 뭔지를 모르겠소."라고 말하면서 그의 얼굴은 왼쪽 벽면으로 힘없이 향하는데 표정엔 깊은 그늘이 드리워져 있었습니다. 그것은 행자들에게 진리를 찾기 위해 힘쓰라고 깨우침을 주기 위한 선담(禪談)이 아니었습니다. 문자 그대로 명백히 실패한 자신을 있는 그대로 드러내는 정직한 고백이었습니다.

행자들 제일 뒤쪽에 앉아 있던 저는 굉장히 충격을 받았습니다. '저런 대단한 분이 저렇게 고백을 한다면 나는 어떨 것인가?' 라는 생각이 들어 입산할 때 가졌던 포부는 온데 간데 없어지고 제 자신을 주체할 수가 없었습니다. 나이가 60이 넘은 존경받는 스님이 아직도 진리를 모른다고 고백을 하다니 더 이상 수행할 이유가 없다는 생각이 들어 그 다음 날 절의 원주스님(일종의 직책)께 사정을 말한 뒤 하산인사를 하고 내려왔습니다.

그 뒤로도 증산도, 대순진리회, 단학선원 등을 전전했지만 여전히 진리를 찾을 수 없어 답답했습니다. 그러던 어느 날, 직장생활 중 직장 근처의 교회에 출석하게 되었는데 그곳에서 예배를 드리며, 성경을 접하며, 하나님 말씀 속에 진리가 있음을 발견하고는 너무나도 기뻤습니다.

"예수께서 이르시되 내가 곧 길이요 진리요 생명이니 나로 말미암지 않고는 아버지께로 올 자가 없느니라"(요한복음 14:6).

"내가 진실로 진실로 너희에게 이르노니 내 말을 듣고 또 나 보내신 이를 믿는 자는 영생을 얻었고 심판에 이르지 아니하나니 사망에서 생명으로 옮겼느니라"(요한복음 5:24).

생명 되신 예수님을 저의 존재중심에 받아들이고 하나님께로 나아가게 되자 저를 늘 괴롭게 했던 삶에 대한 공허감과 내세에 대한 불안감이 사라지게 되었습니다. 참 진리가 이토록 가까이 있었는데도 마치 눈 뜬 장님처럼 그것을 알아보지 못했던 것입니다.

저는 이제 예수님을 믿은 지 15년이 넘었지만 흔들리지 않는 확신 가운데 오늘에 이르고 있습니다. 지금 돌이켜 보면 윤화스님은 60이 넘어서도 진리를 모르겠다고 했는데 저는 예수님을 영접함으로 이미 진리를 깨닫고 소유하게 되어 천만 다행이라는 생각이 들고 하나님 은혜에 감사하게 됩니다. 그 때 윤화스님의 어두운 표정을 생각하면 참 안타깝습니다. 이미 오래 전의 일이기에 지금쯤 그 분은 돌아가셨을지도 모르겠습니다. 이런 윤화스님 같은 분이 줄어들 수 있도록 복음전도에 힘써야겠다는 생각을 해봅니다.

김·흥·규

온유하면서도 맡은 일은 성실하고 철저하게 감당하는 사람으로 그동안 마음에 주신 비전을 이루고자 직장을 그만 두고 현재 성서침례대학원대학교에서 즐거운 마음으로 신학을 공부하고 있다.

사람을 찾습니다

　얼마 전에 TV 프로에서 딸을 잃어버린 한 아버지가 딸을 애타게 찾는 것을 본 적이 있습니다. 6년 전, 딸이 고등학생이었을 때 실종되었는데 6년 동안 그 아버지는 포기하지 않고 딸을 찾고 있었습니다. 아내와는 일찍이 사별하고, 두 딸만 바라보면서 정성껏 키워왔는데 어느 날 갑자기 작은 딸이 사라졌으니 그 아버지의 마음이 어떠했겠습니까!

　딸을 잃어버린 이후 이 아버지는 6년 동안 딸을 찾아다니느라 제대로 일을 할 수 없었고, 그러다 보니 생활이 말이 아니었습니다. 아버지와 함께 동생을 찾아다니던 큰 딸도 아버지가 걱정되어서 이제는 그만 포기하자고 해도 아버지는 포기할 줄을 모릅니다. 먼저 간 아내의 사진을 바라보면서 이 아버지는 딸을 잃어버린 것에 대한 미안함과 죄책감, 그리고 딸에 대한 그리움 때문에 눈물을 흘리는데, 보는 이의 마음을 정말 아프게 만들었습니다. 딸을 찾기 위해 이 아버지는 틈만 나면 '사람을 찾습니다' 전단지를 전국 방방곡곡에 뿌리고 다닙니다. 그것이 이 아버지의 삶의 전부였습니다.

저는 그 TV 프로그램을 보면서 잃어버린 딸을 향한 그 아버지의 사랑에 감복하지 않을 수 없었습니다. 그리고 그 아버지의 사랑을 보면서 저는 하늘에 계신 하나님 아버지를 생각하지 않을 수 없었습니다. '우리 하나님께서도 하나님을 떠나서 잃어버린 상태로 살아가는 인간들을 저렇게 찾고 계실텐데…'하는 생각이 들었습니다.

이 글을 읽는 당신이 만일 하나님을 알지 못하는 사람이라면, 하나님은 뭐고, 잃어버렸다는 것은 뭔가 하시겠지만 그것이 하나님을 떠나서 살아가는 모든 인생들의 현주소입니다. 모든 사람에게 부모가 있듯이 모든 사람에게는 그를 지으신 하나님이 계십니다. 사람이 자기 부모를 알고, 자기

당신을 찾습니다.

찾는 이 : 하나님 아버지

부모를 공경하고 살아야 하는 것처럼 모든 사람은 하나님을 알고, 하나님을 경외하면서 살아야 합니다. 그리고 그렇게 살 때 사람은 가장 행복할 수 있습니다.

당신은 하나님을 알고 계십니까? 당신의 삶 속에는 하나님이 계십니까? 당신이 하나님을 알고 있고, 당신의 삶 속에 하나님이 계신다면 당신은 정말 행복한 사람입니다. 그러나 당신이 하나님을 모르고, 당신의 삶 속에 하나님이 안 계신다면 당신은 지금 하나님께로부터 너무 멀리 떨어져 나와 있습니다. 그러나 하나님께서는 지금 이 순간에도 당신을 찾고 계시며 당신이 하나님의 품으로 돌아오기를 간절히 기다리고 계십니다. 앞에서 말씀드린 그 아버지처럼 말이지요. 아니 그보다 훨씬 더 강하게 말입니다. 당신을 찾고 계시는 하나님께로 이제 돌아오시지 않으시겠습니까?

"악인은 그의 길을, 불의한 자는 그의 생각을 버리고 여호와께로 돌아오라 그리하면 그가 긍휼히 여기시리라 우리 하나님께로 돌아오라 그가 너그럽게 용서하시리라"(이사야 55:7).

"사랑하는 자들아 주께는 하루가 천 년 같고 천 년이 하루 같다는 이 한 가지를 잊지 말라 주의 약속은 어떤 이들이 더디다고 생각하는 것 같이 더딘 것이 아니라 오직 주께서는 너희를 대하여 오래 참으사 아무도 멸망하지 아니하고 다 회개하기에 이르기를 원하시느니라"(베드로후서 3:8-9).

예수는 어떤 분일까요?

또 한 해가 가고 있습니다. 가는 세월을 생각하면 아쉽고 싫지만 12월은 예수님께서 탄생하신 성탄절도 있고, 새로운 한 해를 바라보면서 새롭게 계획할 수 있어 좋습니다.

저는 이 지면을 통해 '성탄절의 주인공 예수 그리스도'에 대해서 잠시 나누려고 합니다. '예수'라는 이름은 "자기 백성을 죄에서 구원한다"는 의미에서 붙여진 이름이고, '그리스도'라는 칭호는 헬라어로 '기름부음 받은 자'라는 뜻인데 '메시아'라는 히브리어와 같은 의미입니다. 예수는 이미 당신도 아시겠지만 이 땅에서 33년 정도 사셨고, 십자가에서 처형당함으로 그 생을 마감했습니다. 처형당한 이유는, 유대인들의 고발내용에는 이것저것을 이야기하고 있지만, 진짜 이유는 자신이 하나님이라고 주장함으로 신성(神性)을 모독했다는 것이었습니다.

이런 분이 예수님인데 2,000년이 지난 오늘날까지도 사람들은 그를 기념하고 있고 그 분께 예배를 드리고 있습니다. 또한 그 분은 역사를 BC(Before Christ)와 AD(Anno Domini, 라틴말로 '주(主)의 해(年)에서', 'In the year of the Lord' 라는 뜻)로 갈라놓았습니다. 그래서 어떤 분들은 History(역사)는 His story 즉 '그 분의 이야기' 라고 말하기도 합니다.

예수는 과연 어떤 분일까요? 단지 역사의 한 때를 살다 간 인물에 불과한 것일까요? 그렇게 단순히 결론지어 버리기에는 어딘가 석연치 않다는 생각이 들지 않습니까?

예수는 결국 셋 중의 하나임에 틀림이 없습니다. 자신이 하나님이 아니면서 하나님이라고 주장한 거짓말쟁이든가, 자신이 하나님이라고 착각하면서 살았던 정신이상자든가, 아니면 진짜 하나님이든가. 이 셋 중 하나임에 틀림이 없습니다.

당신은 어떻게 생각하십니까? 그냥 '좋은 분' 같다고요? 많은 사람들이 그렇게 생각하는데 사실 예수에 대한 정확한 답은 될 수가 없습니다. 왜냐하면 예수가 거짓말쟁이든가 정신이상자였다면 '좋은 분' 일 수가 없는 것이고, 하나님이라고 해도 단순히 '좋은 분' 일 수는 없기 때문입니다.

저는 개인적으로 예수님을 하나님이라고 믿고 있습니다. 그렇게 믿는 이유는 그것이 예수님에 대해서 제가 내릴 수 있는 가장 타당한 결론이라고 생각했기 때문입니다. 물론 예수님에 대해서 이 작은 지면에서 다 이야기하지는 못했습니다. 그러나 그 분에 대한 모든 정보를 종합해 볼 때 그 분은 분명 하나님이셨습니다. 그래서 저는 누가 하나님을 보여 달라고 하면 서슴지 않고 예수님을 소개해 줍니다.

이 글을 읽고 있는 당신도 하나님을 한 번 만나보고 싶지 않습니까? 사실 하나님은 우리의 눈으로 볼 수 있는 분이 아니지요. 그런데 눈에 보이지 않는 그 하나님께서 인간의 몸을 입고 잠시 이 땅에 오셨는데 그 분이 바로 예수님이십니다.

12월, 한 해를 보내면서 성탄절의 주인공 예수 그리스도에 대해서 잠시 말씀을 드렸습니다. 끝으로 한 가지만 더 말씀드리면, 예수님을 하나님으로 믿은 사람들은 그들의 삶에 놀라운 변화가 일어났다는 것입니다. BC와 AD와 같은 변화 말이지요. 당신의 삶에도 그 분으로 인하여 놀라운 변화가 있기를 기도합니다.

"그는 실로 우리의 질고를 지고 우리의 슬픔을 당하였거늘 우리는 생각하기를 그는 징벌을 받아 하나님께 맞으며 고난을 당한다 하였노라 그가 찔림은 우리의 허물 때문이요 그가 상함은 우리의 죄악 때문이라 그가 징계를 받으므로 우리는 평화를 누리고 그가 채찍에 맞으므로 우리는 나음을 받았도다"(이사야 53:5-6).

당신이 예수를 믿어야 하는 이유

    저는 그리스도인이고 목사이기 때문에 사람들을 만나면 주로 그들의 영혼에 관심을 가집니다. 그래서 제가 사람들에게 주로 물어보는 질문이 "교회에 나가고 계십니까?" "예수님 믿으십니까?"입니다. 그런데 예수 믿는 것에 대해서 사람들과 대화를 나누다 보면 사람들이 왜 예수를 믿어야 하는지를 잘 모르고 있는 것을 발견하게 됩니다. 그래서 많은 사람들이 하는 대답이 "저는 예수 믿는 것에 별로 관심 없습니다", "저는 나름대로 착하게 살고 있습니다"입니다.

    며칠 전에도 한 분을 만나서 대화를 하는데 그 분의 말이

"나는 무신론주의자입니다" 하는 것입니다. 그 분의 의도는 '나는 종교를 가지고 있지 않습니다' 하는 것이었는데 표현을 잘 못한 것입니다. 사실 무신론주의는 있을 수가 없습니다. 유한(有限)한 인간이 자신의 유한한 지식을 가지고 "신이 있다, 없다"를 논한다는 것이 말이나 되는 소리입니까. 그래서 하나님을 믿지 않는 사람이라 할지라도 '무신론주의자'라고 표현하기보다는 '불가지론자(不可知論者)'로 표현하는 것이 타당할 것입니다. 자신이 모른다고 해서 "하나님이 없다"고 단정해서 말할 수는 없는 일이니까요.

또한 제가 만나서 대화를 나눈 그 분은 "나는 예수 믿는 사람들보다 더 착하게 살고 있다고 자부한다"고 말씀하셨습니다. 물론 충분히 그럴 수 있습니다. 예수 믿지 않는 사람들 중에도 정말 착하게 사는 분들이 많이 계심을 저도 잘 압니다. 그런데 우리가 예수를 믿는 것은 단지 착하게 살기 위해서 예수를 믿는 것이 아니고, 또 사람이 착하게 산다고 해서 죽은 뒤에 좋은 곳에 가는 것도 아니라는 것입니다.

사람이 예수를 믿어야 하는 것은 절대자 하나님의 요구이고, 사람은 예수를 믿어야만 구원받을 수 있기 때문입니다.

　한 번 생각해 보십시오. 하나님이 엄연히 살아계시는데
"하나님은 죽었다" 그러고 "하나님이 계시는지 안 계시는
지 모르겠다" 한다면 그것이 하나님께 대해 얼마나 큰 모독
이 되겠습니까. 또한 하나님께서는 죄인된 인간을 죄와 사
망의 권세에서 구원하시려고 예수님을 이 땅에 보내주시고
십자가 위에서 죽게 하셨는데 예수는 받아들이지 아니하고
그저 착하게 사는 것으로 만족하고 있다면 하나님께 용서
받을 수 있겠습니까.

이 글을 읽고 있는 당신은 어떻습니까? 당신도 그저 착하게 사는 것으로 만족하고 있는 분은 아닙니까? 사람이 착하게 사는 것은 좋은 일입니다. 그러나 한 가지 꼭 기억하셔야 합니다. 당신이 아무리 착하게 살아도 하나님을 떠나서 살아가고 있고 예수님을 믿지 않고 있다면, 죄송하지만 당신은 하나님께 용서받을 수 없는 죄인입니다. 왜냐하면 하나님을 떠나서 살아가는 것 자체가 죄이고, 이 세상의 모든 죄는 결국 하나님을 떠난 것에서부터 시작되기 때문입니다. 그러므로 사람이 그저 착하고 성실하게 사는 것이 능사가 아님을 잊지 마십시오. 당신이 정말 하나님께 인정받고 당신의 죄와 당신의 죄가 가져다 줄 결과로부터 구원받기 원한다면 당신도 하나님을 경외하면서 하나님이 원하는 모습으로 살아야 할 것입니다.

"무릇 우리는 다 부정한 자 같아서 우리의 의는 다 더러운 옷 같으며 우리는 다 잎사귀 같이 시들므로 우리의 죄악이 바람 같이 우리를 몰아가나이다"(이사야 64:6).

"다른 이로써는 구원을 받을 수 없나니 천하 사람 중에 구원을 받을 만한 다른 이름을 우리에게 주신 일이 없음이라"(사도행전 4:12).

내일 일을 알 수 없는 것이
인생입니다

　　　　　사람이 산다는 것이 참 아무 것도 아니라는 생각이 듭니다. 지금이야 살아 있으니까 모두들 정신없이 살아가고 있지만 어느 날 갑자기 훌쩍 떠나는 것이 인생이라는 것을 생각하면 얼마나 허무해지는지요.

　최근에 우리들 모두에게 너무나 잘 알려진 개그맨 김형곤씨가 세상을 떠났습니다. 몇 주 전 어느 토요일 날 세상을 떠났는데 저는 그 다음 날인 일요일 아침에야 그 소식을 알게 되었습니다. 일요일 아침에 잠깐 컴퓨터를 켰는데 인터넷 기사 중에 "김형곤씨 돌연사"라고 하는 글귀가 눈에 들어왔습니다. '이건 또 무슨 조크인가', '조크 치고는 좀 심하다'라는 생각을 하면서 자세한 내용을 들여다보니 조크가 아니라 실제로 그가 세상을 떠난 것이었습니다.

그 소식을 접하면서 저는 적지 않은 충격을 받았습니다. 그와 나는 나이도 같고, 같은 초등학교를 다녔던 터라 초등학교 시절에도 그를 본 적이 있었기 때문에 그에 대해서는 어느 정도 친근감을 느끼고 있었는데, 그런 그가 훌쩍 떠나버렸으니……. 인생이라는 것이 참 무상하다는 생각이 들었습니다.

그렇습니다. 지금 우리는 다들 정신없이 살아가고 있지만 언젠가는 모든 것을 놓고 다 떠나야 됩니다. 죽음이 오기 전에 사랑하는 사람들과 아름다운 작별이라도 할 수 있는 사람은 그나마 행복한 사람이고, 사실 죽음이라는 것은 언제 우리를 찾아올지도 알 수 없는 일입니다.

김형곤씨도 자신이 갑자기 그렇게 떠나게 되리라고는 생각지 못했을 것입니다. 여러 가지 계획과 꿈을 가지고 있었던 그였지만 갑작스러운 죽음 앞에서는 속수무책일 수밖에 없었습니다.

성경에 이런 말이 있습니다.

"내일 일을 너희가 알지 못하는도다. 너희 생명이 무엇이냐? 너희는 잠깐 보이다가 없어지는 안개니라"(야고보서 4:14).

그렇습니다. 정말이지 내일 일을 알 수 없는 것이 인생입니다.

이 글을 읽고 있는 당신은 어느 날 갑자기 당신에게도 찾아올 죽음에 대해서 생각해 보셨습니까? 사랑하는 사람들과 아름답게 작별할 마음의 준비는 되어 있으신지요? 작별할 시간조차도 주어지지 않는다면 어떻게 될까요? 살아온 날들에 대해서 후회는 없으시겠습니까?

모두들 '웰빙', '웰빙' 하는 시대에 살고 있지만 '웰빙 (well-being)' 못지않게 '웰다잉(well-dying)'도 생각할 줄 아는 지혜가 우리 모두에게 필요합니다. 그렇다고 늘 죽음만 생각하면서 살라는 말씀은 아닙니다. 미래에 대해 계속 꿈도 꾸어야 하고 계획도 세워야 합니다. 그러나 내 의사와는 상관없이 언젠가는 모든 것을 접고 떠나야 하는 날이 오고 있음도 기억하고 살아야 합니다. 그리고 그 날을 우리는 모른다는 것입니다.

당신은 죽음에 대해서 준비가 되어 있습니까? 당신을 창조하시고 모든 것을 심판하실 심판주 하나님 앞에 당신은 설 준비가 되어 있습니까? 이것이야말로 이 세상과의 이별보다 더 중요한 문제가 아닐 수 없습니다.

"인생은 그 날이 풀과 같으며 그 영화가 들의 꽃과 같도다 그것은 바람이 지나가면 없어지나니 그 있던 자리도 다시 알지 못하거니와 하나님의 인자하심은 자기를 경외하는 자에게 영원부터 영원까지 이르며 그의 의는 자손의 자손에게 이르리니 곧 그의 언약을 지키고 그의 법도를 기억하여 행하는 자에게로다"(시편 103:15-18).

사람답게 사는 법

사람은 사람이기 때문에 사람답게 살아야 합니다. 사람들 중에는 사람을 동물의 일종으로 생각하는 사람이 있는데, 사람과 동물은 근본적으로 다릅니다. 사람은 하나님의 형상을 따라 지음 받은 존재이기 때문에 존귀한 존재입니다. 그러나 동물은 그렇지 않습니다. 그저 동물일 뿐입니다.

그런데 이렇게 존귀한 사람이 동물과 크게 다르지 않을 때가 있습니다. 자기가 존귀한 존재임에도 불구하고 사람으로서 마땅히 깨달아야 할 것을 깨닫지 못할 때가 그렇습니다. 성경 시편 49편 20절에 보면 이런 말씀이 있습니다.

"존귀하나 깨닫지 못하는 사람은 멸망하는 짐승 같도다."
결국 사람과 동물의 차이는 깨닫고 사느냐, 깨닫지 못하고
사느냐에 있다고 할 수 있습니다.

그렇다면 사람이 사람답게 살기 위해서는 무엇을 깨닫고
살아야 하는 것일까요? 적어도 두 가지는 깨닫고 살아야
합니다.

첫째는 창조주 하나님이 계신다고 하는 것을 깨닫고 살
아야 합니다. 잠언 9장 10절에 보면 "하나님을 경외하는 것
이 지혜의 근본이요 거룩하신 자를 아는 것이 명철이니라"
하는 말씀이 있습니다. 사람이 아무리 똑똑하고 배운 것이
많다 해도 자기 부모를 몰라보는 자식이 있다면 당신은 그
를 어떻게 생각하시겠습니까? 아무리 좋은 직업을 가지고
있다 해도, 아무리 돈이 많다 해도 인간으로서는 결코 좋게
봐줄 수가 없겠지요. 이와 마찬가지로 사람으로서 가장 중
요한 것은 자기를 지으신 창조주 하나님이 계신다는 것을
깨닫고 사는 것입니다. 당신은 어떻습니까? 당신은 당신을
창조하신 창조주 하나님이 계신다는 것을 알고 있습니까?

둘째는 하나님께서 사람을 창조하신 목적을 깨닫고 살아
야 합니다. 하나님께서 사람을 창조하셨을 때는 창조하신

목적이 있습니다. 그것이 무엇일까요? 거기에 대해서는 이사야 43장 7절과 21절에 잘 나타나 있는데 이렇게 이야기를 합니다.

"내 이름으로 불려지는 모든 자 곧 내가 내 영광을 위하여 창조한 자를 오게 하라 그를 내가 지었고 그를 내가 만들었느니라.""이 백성은 내가 나를 위하여 지었나니 나를 찬송하게 하려 함이니라."

하나님께서 사람을 창조하신 목적은 하나님께 영광을 돌리도록 하기 위해서였습니다. 그런데 사람들이 이 목적대로 살아가고 있습니까? 그렇게 살아가는 사람들도 있지만 아직도 많은 사람들이 하나님을 떠나서 자기 마음대로 살아가고 있는 것을 봅니다. 이런 이유 때문에 하나님을 알지 못한 채 하나님을 떠나서 살아가는 사람들은 하나님 앞에서 죄인일 수밖에 없습니다. 그리고 죄에 대한 벌이 사망이요, 영원한 지옥의 형벌입니다. 이러한 것이 사람의 운명인데 이것을 깨닫지 못하고 살아간다면 멸망하는 짐승과 다를 바가 무엇이겠습니까?

멸망하는 짐승과 같은 사람이 되지 않기 위해서는 멸망 길에서 벗어나 살 길을 찾아야 합니다. 그 길은 이제부터라

도 하나님을 경외하고, 하나님께서 보내주신 구원의 길 되시는 예수 그리스도를 받아들이는 것입니다.

아직까지 당신이 예수 그리스도를 당신의 구세주로 받아들인 사실이 없다면 오늘 예수 그리스도를 영접하시고 멸망 길에서 구원 받으시기를 바랍니다. 그것이 사람이 사람답게 사는 길입니다.

"존귀하나 깨닫지 못하는 사람은 멸망하는 짐승 같도다"(시편 49:20).

"사람은 존귀하나 장구하지 못함이여 멸망하는 짐승 같도다"(시편 49:12).

아름다운 세상

　　하나님께서 지으신 이 세상은 참 아름답습니다. 꽃도 아름답고, 나무도 아름답고, 산도 아름답고, 들도 아름답습니다. 사계절이 주는 아름다움도 각기 달라서 봄은 봄대로, 여름은 여름대로, 가을은 가을대로, 겨울은 겨울대로 아름답습니다. 밤하늘에 빛나는 별들도 아름답고, 굽이굽이 흐르는 강도 아름다우며, 보기만 해도 시원한 바다도 아름답습니다. 또한 바다 속은 얼마나 아름다우며, 우주 공간에서 바라본 지구의 모습은 얼마나 아름다운지요.

　　그런데 이 세상이 더 아름답게 느껴지는 것은 이 세상에 사람이 있고, 사람들 사이에 사랑이 있기 때문이 아닐까 생각됩니다. 그래서 아름다운 저녁노을도 혼자 보는 것보다는 사랑하는 사람과 함께 바라보면 더 아름답게 느껴지고, 아름다운 사랑 이야기나 마음이 따뜻해지는 이야기를 들으면 이 세상이 더 아름답게 느껴집니다. 아름다운 이 세상에서 사람들이 더 많이 사랑하고, 그래서 더 행복해졌으면 좋겠습니다.

그런데 이 세상보다 더 아름다운 세상이 있는데 당신은 그 곳을 알고 계시는지요. 바로 이 세상 너머에 있는 천국이라는 곳입니다. 이 천국에 대해서는 성경 요한계시록 21장에 잘 설명되어져 있는데 그 설명에 의하면 천국은 정말 아름다운 곳입니다. 천국의 성 모습은 가로와 세로와 높이가 같은 정육면체 아니면 피라밋 모양으로 되어 있는데 그 재료는 온통 황금과 보석으로 이루어져 있습니다. 황금과 보석으로 꾸며진 천국성이 하나님의 영광의 광채를 받아서 빛을 발한다고 한 번 상상해 보세요. 얼마나 아름답겠습니까. 또한 이 천국이 더 아름답고 좋은 것은 그 곳에는 눈물도 없고, 슬픔도 없고, 아픔도 없고, 괴로움도 없으며, 죽음도 없다는 것입니다. 지금 우리가 살고 있는 이 세상은 아름다운 곳이긴 하지만 눈물이 있고, 아픔이 있고, 고통이

있고, 죽음이 있습니다. 그런데 천국에는 이런 것이 없으니 얼마나 좋은 곳입니까.

얼마 전에 제가 참 좋아했던 목사님 한 분이 암으로 투병 생활을 하시다가 먼저 천국으로 가신 일이 있었습니다. 그 목사님과는 한 달에 한 번씩 만나 함께 식사도 하고 차도 마시면서 즐거운 시간을 보냈습니다. 그런데 그 목사님과 만나서 차를 마시며 즐거운 대화를 나누었던 찻집의 이름 이 '아름다운 세상' 이었습니다. 약속장소를 정하기 위하여 "목사님, 어디서 만날까요?"라고 제가 물으면 그 목사님은 "어디긴 어디야 '아름다운 세상' 이지."라고 말씀하시곤 했 는데 그 목사님께서 먼저 가신 것입니다. 그 목사님과 만나 던 그 '아름다운 세상' 에서는 다시 만날 수 없지만 그 분께 서 먼저 가 계신 진짜 '아름다운 세상' 에서는 언젠가 다시 만나게 될 것입니다.

이 글을 읽고 있는 당신은 천국에 대한 소망이 있으십니까? 언젠가 우리는 모두 다 이 세상을 하직하고 눈을 감아야 할 날이 올 것입니다. 이 세상에서 눈을 감는 그 순간 당신은 어디서 눈을 뜨게 될 것 같습니까? 어머니 뱃속의 아기가 모태가 전부인 것으로 알고 있다가 모태에서는 전혀 상상도 못했을 밝은 이 세상으로 나오는 것처럼 당신도 언젠가 이 세상에서 눈을 감는 그 순간 전혀 새로운 세상에서 눈을 뜨게 될 것입니다. 바라기는 아름다운 이 세상에서 행복하게 사시다가 아름다운 천국에서 눈을 떠 그 곳에서 영원히 살 수 있기를 기도합니다. 천상병 시인의 '귀천'이라는 시의 끝 부분이 생각납니다.

"나 하늘로 돌아가리라/ 아름다운 이 세상 소풍 끝내는 날/ 가서, 아름다웠더라고 말하리라."

"하나님이 모든 것을 지으시되 때를 따라 아름답게 하셨고 또 사람들에게는 영원을 사모하는 마음을 주셨느니라 그러나 하나님이 하시는 일의 시종을 사람으로 측량할 수 없게 하셨도다"(전도서 3:11).

수렁에서 건짐 받은 딸

조연정

31년 전, 내가 21살 때 어머니가 돌아가셨다. 하나밖에 없는 딸이 신앙 안에서 잘 자라주기를 바라며 늘 기도하시던 어머니였다. 그런 어머니에게 나는 속썩이는 딸이었다. 어머니가 돌아가시자 나는 자유를 만끽하기 위해 교회도 멀리 하고 세상 속으로 나가 마음대로 살기 시작했다. 간호대학도 중퇴하고 무용연구소 강사를 하면서 내가 좋아하는 것과 세상 풍속을 신나게 즐겼다. 완전히 하나님을 잊고, 무당에게 찾아가 점도 치며, 내 딴에는 열심히 산다고 하였으나 무엇 하나 내 뜻대로 되는 것이 없었다.

꼬이고 엉키기 시작한 삶은 결혼 실패, 네 번의 교통사고, 그리고 두 번에 걸친 암 수술, 마지막엔 강도를 만나기까지……. 별별 일들을 다 당하면서 삶의 의미를 잃어버린 채 산 송장처럼 비실거리며 살았다. 혈압은 80~60, 맥박은 40~45, 38Kg의 몸무게로 몸을 유지해야 했다. 나는 항생제주사 후유증으로 집안의 온도가 높으면 몸이 붓고 몸 속이 곪기 때문에 겨울에도 불을 때지 못한 채 살아야 했고, 쓰러질 때가 많았으며, 주로 누워서 생활해야 했다. 잘 체하기 때문에 음식을 아무거나 먹을 수도 없었고, 정신적인 면으로도 많이 병들어 있었다. 왜 이렇게 내 인생이 꼬이냐고 무당에게 물어보았더니 신을 받아야 한다는 것이었다. 나는 그것만은 싫어서 그 때부터 절에 다니기 시작했다. 거의 10여 년 가량 열심히 다녔는데 마음에 차지를 않았다. 법문을 들어도 머릿속에 들어오지 않고 그냥 의지할 곳이 없어서 가곤 했다.

그러던 중 우연히 이사를 하게 되었는데 믿음이 신실하신 집주인 할머니께서 교회에 나가자고 자꾸 권면하시는 것이었다. 나는 인사치레로 한 번 교회에 나가 주었다. 그런데 바로 그 날 목사님의 설교 말씀이 '하나님의 길을 찾아야 형통하다' (여호수아 1:7-8)였다. 성경을 통한 하나님의 말씀을 들으면서 나는 머리가 뻥 뚫리고 속이 시원해짐을 느꼈다. 그리고 마음이 즐거워지기 시작했다. 두 번째

교회에 나갔을 때 나는 믿음을 갖기로 결단하고 그로부터 네 달 후 침례를 받았는데 마치 상장을 받은 것처럼 기쁨이 넘쳤다. 나는 집에서 성경을 읽기 시작하였고, 예배를 드리며 하나님의 사랑과 우리 어머니의 기도 응답을 피부로 느끼게 되었다.

"어머니의 기도가 이 날라리 딸을 하나님께로 인도해 주셨군요!" 너무 감사했다.

올해 2월부터는 교회의 중보기도팀에 끼면서 집중적으로 기도하기 시작했는데 그 때부터 내 삶의 모든 것이 변하기 시작했다. 기도팀의 자매님들은 나를 사랑으로 챙겨주었고, 늘 힘을 주었으며, 나를 위해서 간절히 기도해 주었다. 그런 신실한 자매님들과 같이 기도를 하면서 나 자신도 놀랄 만큼 변화되어 기쁨이 충만하고 시간이 아까워지기

시작했다. 그리고 하나님께서는 놀라운 기적을 행하시기 시작하셨다. 정말로 준비하고 구비하신 것을 퍼부어 주기 시작하신 것이다. 3월 중순경에 느닷없이 구청에서 연락이 오더

니 저소득자 대상 임대 아파트를 신청하라는 것이었다. 생각지도 못한 일이었다. 그래서 신청해 보았는데 3만명 신청자 중에 7명이 당첨되는 것인데 4월말에 내가 당첨된 것이었다. 내게 집이 생긴 것이다. 너무 기쁘고 감사해서 눈물이 쏟아졌다. 그리고 지난 여름에는 내 몸 상처 부위의 고름주머니를 터트려 주셨고, 종기와 가끔씩 조이는 가슴 통증을 완전히 없애 주셨다. 성령으로 치유해 주셔서 몸이 깨끗해짐을 느꼈을 때 너무 감사하고 기뻐서 "하나님, 감사합니다. 하나님, 온전히 순종하겠습니다."라고 외쳤다. 그야말로 나는 '수렁에서 건짐 받은 딸'이요, '돌아온 탕자'였다.

모든 것의 해답은 하나님께 있었다. 우리의 기도는 하나님이 응답해 주신다. 하나님께서 내게 히스기야 왕처럼 보너스 시간을 주셨으므로 이제 남은 삶은 내 하나님께 온전히 바치는 신실한 딸이 되고자 한다. 나는 자주 하늘을 쳐다보며 외친다. "엄마, 고맙습니다. 하나님, 감사합니다."

조 · 연 · 정

명랑하고 낙천적인 성격으로 책임감이 강하고 다른 사람을 돌아보는 따뜻한 마음을 가지고 있다. 현재 홍익동 청계 벽산 아파트에서 하나님의 사랑 안에 힘차게 살아가고 있다.

위대한 부정(父情)

얼마 전 미국에서 가족과 함께 여행을 하다가 폭설로 인해 결국은 목숨을 잃게 된 한 가장의 이야기는 많은 사람들의 가슴을 아프게 했습니다.

한국인 가장 제임스 김씨(35세)는 사랑하는 미국인 아내 캐티(30세)와 어린 두 딸 페넬로페(4세)와 새빈(7개월)을 데리고 미국 서부 해안지역을 여행하고 있었습니다. 갑자기 내린 폭설로 그들은 눈 속에 고립되었고 추위와 배고픔 속에서 구조대가 오기만을 기다려야 했습니다. 며칠을 기다려도 구조대가 오지 않자 제임스 김씨는 추위와 배고픔을 불사하고 사랑하는 가족을 구하겠다는 일념으로 구조를

요청하기 위해 직접 눈 덮인 길을 나섭니다.

한 편 제임스 김씨의 아버지 스펜서 김씨는 실종된 아들의 가족을 찾기 위해 위성회사와 접촉하여 조난지역 상공으로 인공위성을 이동시켜 그 지역의 위성사진을 찍게 하고, 민간 헬리콥터 3대를 고용하여 조난지역으로 보내 따뜻한 옷가지와 음식, 조명탄 등이 들어 있는 인명구조용 행낭 18개를 조난 추정 지역에 떨어뜨리면서 실종된 아들의 가족을 찾기 시작합니다.

제임스 김씨의 아내와 두 딸은 그가 구조 요청을 위해 가족을 떠난 이틀 뒤에 아버지 스펜서 김씨가 보낸 헬기에 의해 발견되어 구조되었고, 제임스 김씨는 그로부터 이틀 뒤에 시신으로 발견되었습니다. 사나흘을 추위와 배고픔 속에서 눈 덮인 숲 속을 헤매다가 결국은 숨을 거둔 것입니다. 그가 가족을 구하기 위해 숲속에서 헤매고 다닌 거리는 약 16km였으며 물을 만났을 때는 추위 속에서 헤엄도 쳐야했습니다. 그러다가 결국은 조난당한 지역으로부터 1.6km 떨어진 곳에서 숨을 거두었습니다.

기사를 읽으면서, 또 이 글을 쓰면서 저는 제임스 김씨와 그의 아버지 스펜서 김씨의 위대한 가족사랑에 감동되어

자꾸 눈물이 나오려고 합니다. 죽기까지 가족을 사랑했던 제임스 김씨와 자신이 할 수 있는 모든 방법을 동원하여 아들의 가족을 찾으려고 노력했던 스펜서 김씨. 정말 위대한 부정(父情)이 아닐 수 없습니다.

이 글을 쓰고 있는 저나 읽고 있는 당신을 위해서 하나님께서도 위대한 부정(父情)을 보여주셨는데 당신은 그 사실을 알고 계십니까? 죄로 인하여 영원히 멸망할 수밖에 없는 저와 당신을 위해서 하나님께서는 천국의 보좌를 버리시고 낮고 천한 인간의 몸으로 이 땅에 내려 오셨습니다. 그리고 저와 당신의 죄값을 위해서 친히 십자가에 못 박혀 돌아가셨습니다. 이 위대한 부정(父情)을 당신은 알고 계시는지요?

하늘 아버지의 이 놀라운 부정(父情) 때문에 저는 크리스챤이 되었고, 목사가 되었습니다. 저에게 보여주신 그 하나님의 사랑만 생각하면 저는 지금도 감동이 되고, 그 하나님의 사랑에 감격하면서 오늘도 살아가고 있습니다.

이 글을 읽는 당신은 어떻습니까? 바라기는 당신에게도 이 놀라운 하나님의 사랑을 깨닫는 은혜가 있기를 기도합니다.

"우리가 아직 죄인 되었을 때에 그리스도께서 우리를 위하여 죽으심으로 하나님께서 우리에 대한 자기의 사랑을 확증하셨느니라"(로마서 5:8).

"그가 찔림은 우리의 허물 때문이요 그가 상함은 우리의 죄악 때문이라"(이사야 53:5a).

강도 만난 사람들

외딴 길을 가는데 강도를 만나 쓰러져 있는 사람이 있습니다. 피를 흘리며 죽어가고 있습니다. 우연히 당신이 그 길을 지나가다가 그 사람을 발견하게 되었다면 어떻게 해야 할까요?

신약성경 누가복음 10장에 보면 강도 만난 한 사람의 이야기가 나옵니다. 어떤 사람이 예루살렘에서 여리고로 내려가다가 강도를 만났습니다. 가진 것 다 빼앗기고 너무 많이 맞아 거의 죽게 되었습니다. 그 곳을 제사장이 지나가게 되었습니다. 제사장은 그를 보고 피하여 지나갔습니다. 레위인이 그 곳을 지나가게 되었습니다. 그도 역시 그를 보고 피하여 지나갔습니다. 결국 그 곳을 지나가던 사마리아 사람이 그를 도와주었습니다.

강도 만난 사람을 만났을 때 사람들이 보일 수 있는 반응이 이런 것들이라고 생각합니다. 제사장이나 레위인처럼 그냥 무시하고 지나갈 수도 있고, 아니면 사마리아 사람처럼 도와줄 수도 있습니다. 그런데 만약 어떤 사람이 강도 만난 사람의 곁을 지나가다가 죽어가고 있는 그를 발견하고는 "왜 강도를 당했느냐", "왜 위험한 길을 혼자 갔느냐" 하면서 그를 비난하고, 그에게 침을 뱉고, 그에게 돌을 던진다면 당신은 그것을 어떻게 생각하십니까? 있을 수 없는 일이겠지요. 사람이라면 그럴 수 없습니다.

그런데 그런 사람들이 있습니다. 강도 만난 사람들을 향해 비난하고, 침을 뱉고, 돌을 던지는 그런 사람들을 저는 보았습니다. 우리나라의 젊은이 23명이 아프가니스탄에 좋은 일을 하려고 갔다가 탈레반에 의해 인질로 붙잡혔습니다. 그 중 2명은 살해되었고, 21명은 40일 만에야 풀려났습니다. 풀려나기까지 그들은 죽음의 공포 속에서 하루하루를 보내야 했습니다. 그런데 그들을 두고 어떤 사람들은 비난을 하고 욕을 합니다. 그들이 마치 큰 죄라도 지은 것처럼 그들을 몰아세웁니다. 인천공항에 도착했을 때는 그들을 향해 계란을 던진 사람도 있었습니다.

그들은 강도 만난 사람들입니다. 그렇게 해서는 안 되는 것입니다. 오히려 그들을 위로해 주고 그들의 상처를 싸매 주어야 하는 것입니다. 믿는 종교를 떠나서 그렇게 하는 것이 한 국민의 도리이고, 한 인간의 도리입니다.

그런데 정작 강도짓을 한 탈레반에 대해서는 모두들 너무 조용합니다. 뭔가 잘못되어도 많이 잘못되었습니다. 좋

은 일 하려고 갔다가 강도를 만난 그들에게 하나님의 위로와 축복이 있기를 바라며, 또한 강도짓을 한 못된 탈레반에게는 하나님께서 회개하는 마음을 주시기를 간절히 기도합니다.

이 세상에는 또 다른 강도 만난 사람들이 있습니다. 마귀 사탄에 의해서 죄와 사망의 굴레에서 서서히 죽어가고 있는 이 세상 사람들이 바로 그들입니다. 그들에게는 행복이 없습니다. 소망이 없습니다. 평안도 없습니다. 그리고 그들의 종국은 죽음이요, 멸망입니다. 그런데 예수 그리스도께서 죄와 사망의 굴레에서 죽어가는 사람들을 구원해 주시려고 이 땅에 오셨습니다. 그리고 대신 십자가에서 피 흘려 돌아가셨습니다. 예수 그리스도야말로 강도 만난 이 세상 모든 사람들의 진정한 친구입니다. 예수 안에 평안이 있습니다. 예수 안에 소망이 있고, 예수 안에 행복이 있습니다. 예수 안에 영원한 생명이 있습니다.

"의인을 위하여 죽는 자가 쉽지 않고 선인을 위하여 용감히 죽는 자가 혹 있거니와 우리가 아직 죄인 되었을 때에 그리스도께서 우리를 위하여 죽으심으로 하나님께서 우리에 대한 자기의 사랑을 확증하셨느니라"(로마서 5:7-8).

행복한 가정을 원하십니까?

        이 세상에 행복한 가정을 원하지 않는 사람은
아무도 없습니다. 그런데도 불구하고 많은 가정들이 행복
하지 못한 이유는 무엇일까요? 통계에 의하면 우리나라의
이혼률이 50%에 이르렀다고 합니다. 무엇을 말하는 것입

니까? 가정들이 행복하지 못하다는 것이지요. 그래서 가정에 불화가 있고, 싸움이 있고, 갈라섬이 있습니다. 이런 가정 환경 속에서 자라나는 자녀들도 행복할 리 없습니다.

사람들은 누구나 다 행복한 가정을 원하는데 잘 되지 않는 것은 왜 그럴까요? 어떻게 하면 우리의 가정이 더 행복해질 수 있을까요? 여기에 대해서는 인간을 창조하시고 결혼과 가정이라는 제도를 만드신 하나님께 여쭈어 보아야 합니다.

하나님 말씀에 의하면 가정이 행복해지기 위해서는 먼저 가정의 중심에 하나님이 계셔야 합니다. 성경에 보면 "여호와께서 집을 세우지 아니하시면 세우는 자의 수고가 헛되며 여호와께서 성을 지키지 아니하시면 파수꾼의 깨어 있음이 허사로다 너희가 일찍이 일어나고 늦게 누우며 수고의 떡을 먹음이 헛되도다"(시편 127:1-2a) 하는 말씀이 있습니다. 무슨 말입니까? 행복한 가정은 하나님의 도우심이 없이는 불가능하다는 말씀입니다. 그러므로 당신의 가정이 진정으로 행복해지기를 원한다면 먼저 하나님을 경외하는 믿음의 가정이 되어야 합니다. 그리고 하나님의 도우심을 구해야 합니다. 그것이 행복한 가정을 위한 첫 단계입니다.

그 다음으로는 가족의 구성원들이 성경에 기록된 원리를 따라 자기의 역할에 충실해야 합니다. 성경에 보면 부부간에 필요한 원리, 부모·자식간에 필요한 원리들이 기록되어 있습니다. 남편은 아내를 자기 몸과 같이 사랑해야 하고, 아내는 남편을 자신의 머리로 인정하면서 순종해야 합니다. 또, 부모는 자녀를 노엽게 하지 말고 하나님의 말씀으로 양육해야 하며, 자녀는 부모에게 순종해야 합니다. 이미 당신이 예견하고 있었던 말씀인지도 모르겠으나 당신의 가정이 진정으로 행복해지기를 원한다면 한 번 실천해 보시기 바랍니다. 아내가 먼저 어떻게 해줄 것을 기다리지 말고 남편인 당신이 먼저 실천해 보시기 바랍니다. 아내도 남편이 먼저 어떻게 해줄 것을 기다리지 말고 아내인 당신이 먼저 시작해 보십시요. 부모도 마찬가지이며 자녀도 마찬가지입니다. 그렇게 할 때 당신의 가정에는 틀림없이 변화가 일어날 것입니다.

또한 가정의 행복을 위해서는 가족들이 서로 많이 노력해야 할 필요가 있습니다. 행복한 가정의 모습은 어떤 것이겠습니까? 서로 사랑하는 것이지요. 성경은 사랑에 대해서 이렇게 정의합니다. "사랑은 오래 참고 사랑은 온유하며

······ 무례히 행하지 아니하며 자기의 유익을 구하지 아니하며 성내지 아니하며 ······ 모든 것을 참으며 모든 것을 믿으며 ······ 모든 것을 견디느니라"(고린도전서 13:4-7).

당신의 가정이 하나님을 경외하는 신앙 가운데, 하나님의 말씀을 실천함으로 꼭 행복해지기를 소원합니다.

"여호와를 경외하며 그의 길을 걷는 자마다 복이 있도다 네가 네 손이 수고한 대로 먹을 것이라 네가 복되고 형통하리로다 네 집 안방에 있는 네 아내는 결실한 포도나무 같으며 네 식탁에 둘러 앉은 자식들은 어린 감람나무 같으리로다 여호와를 경외하는 자는 이같이 복을 얻으리로다"(시편 128:1-4).

성경은 사실을 말합니다

저는 성경을 믿는 사람입니다. 성경에 기록된 것은 무엇이라도 믿습니다. 성경에 기록된 역사도 믿고, 성경에 기록된 지리(地理)도 믿고, 성경에 기록된 과학도 믿고, 성경에 기록된 예언도 믿고, 성경에 기록된 교리도 믿습니다. 하여튼 저는 성경에 기록된 것은 모두 다 믿습니다. 제가 성경을 이처럼 철저하게 믿는 것은 성경에 기록된 모든 내용들을 제가 다 이해할 수 있거나 경험해 보았기 때문은 아닙니다. 성경이 하나님의 감동으로 기록된 하나님의 말씀임을 믿기 때문에 그렇습니다. 그리고 하나님께서는 인간들을 대상으로 거짓말을 하시거나 성경을 기록함에 있어서 실수를 하셨다고 절대로 믿지 않기 때문에 그렇습니다.

저는 이번에 제가 섬기는 교회의 배려로 성지순례를 다녀왔습니다. 12박13일 동안 이집트, 이스라엘, 로마를 방문하는 일정이었는데 이 여행을 통해서 제가 가장 크게 느낀점은 성경의 기록들이 어쩌면 이렇게 정확할 수 있는가 하는 것이었습니다. 이미 말씀 드렸듯이 저는 성지순례를 가기 전에도 성경을 100% 믿고 있던 사람이었습니다. 그런데 이번에 성지순례를 하면서 제가 믿고 있던 그 100%의 확신을 다시 한 번, 이번에는 직접 제 눈으로 확인할 수 있었습니다.

이스라엘 백성들이 이집트에서 종살이를 할 때 비옥한 고센 땅에서 생활을 했다고 성경에 기록되어 있는데 이번에 제 눈으로 확인해 본 고센 땅은 정말 비옥했습니다. 이스라엘 백성들을 고되게 하려고 이집트의 바로(파라오)왕은 국고성 비돔과 라암셋을 건축하게 했고, 진흙벽돌을 만들 때는 짚을 주지 아니했다고 하였는데 그 현장도 직접 눈으로 확인해 볼 수 있었습니다. 이스라엘 백성들이 40년 동안 시나이 반도의 광야에서 생활을 하다가 '젖과 꿀이 흐르는' 가나안 땅, 즉 이스라엘 땅에 들어갔다고 기록되어 있는데 왜 그 곳을 '젖과 꿀이 흐르는' 땅이라고 했는지 이스라엘의 아름다운 자연을 보면서 그 말이 사실임을 알았습니다. 풍요로웠던 소돔과 고모라성이 하나님의 심판으로 '유황과 불'로 멸망했고, 롯의 아내는 뒤를 돌아보다가 소금기둥이 되었다고 성경 창세기에 기록되어 있는데 그 현장이었던 사해바다와 그 주위에 있는 소금산은 오늘날에도 말없이 소돔과 고모라의 심판을 이야기해주고 있었습니다. 이외에도 많은 것을 보고 돌아왔는데 결국 모든 것이 '성경

은 사실이다' 하는 것을 말해 주고 있었습니다. 하나를 보면 열을 안다고, 성경의 극히 작은 일부를 보고 왔지만 저는 이것만으로도 성경이 과연 진리의 책임을 다시 한 번 확신할 수 있었습니다.

폼페이의 신전들과 그들의 성적으로 타락한 모습들을 보면서 왜 그들이 어느 날 갑자기 화산으로 멸망하게 되었는지를 이해할 수 있었고, 카타콤의 지하공동묘지를 보면서 그곳에 묻혔던 수많은 기독교인들의 믿음과 소망이 저의 것과 다르지 않음을 확인할 수 있었습니다.

성경은 사실입니다. 처음부터 끝까지 모든 것이 사실입니다. 예수님을 믿으면 천국이요, 예수님을 믿지 않으면 지옥이라는 것도 사실입니다.

만일 이 글을 읽고 있는 당신이 아직도 성경을 믿지 않고 있다면, 당신도 성경에 기록된 내용들을 믿고 구원받으시기 바랍니다. 성경은 사실만을 이야기하는 책입니다. 성경에 기록된 내용은 모두가 다 사실입니다.

"예언(성경 말씀)은 언제든지 사람의 뜻으로 낸 것이 아니요 오직 성령의 감동하심을 받은 사람들이 하나님께 받아 말한 것임이라"(베드로후서 1:21).

장밋빛 인생

      얼마 전에 종영된 TV드라마 중에 '장밋빛 인생'이라는 것이 있었습니다. 제목이 밝고(저는 주로 밝은 이야기를 좋아합니다) 주인공으로 나오는 최진실씨가 최근에 자신이 겪은 어려움을 극복하고 나온 드라마라, 그리고 드라마의 내용도 그의 실제 삶의 이야기하고 비슷한 내용인 것 같아서 보기 시작했는데 결국 끝까지 다 보게 되었습니다. (저는 원래 연속극 보는 것을 좋아하는 사람이 아닌데, 저도 이제 나이가 조금씩 들어가고 있는 모양입니다.^^)

      드라마의 내용은 '장밋빛 인생'을 꿈꾸던 한 부부의 이야기였는데 아내는 남편의 불륜으로 인해서 고통을 당하게 되고, 나중에는 결국 암에 걸려 젊은 나이에 세상을 떠나게 된다는 슬픈 이야기였습니다. 아내의 곁으로 다시 돌아온 남편(극중 이름이 반성문입니다)은 지극 정성을 다하여 아내를 살리려 하지만 하늘은 그들에게 또 다른 기회를 주지 않습니다. 그래서 결국 맹순이(최진실씨의 극중 이름)는 사랑하는 남편과 어린 두 딸을 남겨놓고 저 세상으로 먼저 떠나게 됩니다. 그 드라마를 보면서 저는 '인생이 바로 저런 것이로구나' 하는 것을 다시 한 번 느낄 수 있었습니다.

사람들은 누구나 다 장밋빛 인생을 꿈꿉니다. 그러나 실제 그들의 삶 속에는 많은 고통과 슬픔이 있는 것을 보게 됩니다.

그 드라마의 마지막 회는 특별히 더 보는 이들로 하여금 많은 눈물을 흘리게 만들었습니다. 주인공 맹순이가 세상을 떠나고 난 뒤에 시어머니가 죽은 며느리의 옷을 정리하다가 결국 며느리가 남기고 떠난 것이 옷가지 얼마밖에 안 된다는 것을 발견하게 되지요. 먹지 않고, 입지 않고, 악착같이 살아온 인생인데 남은 것이라고는 겨우 "돈 10만원 어치도 안 되는 옷"이 전부라니 얼마나 허망합니까. 그런데

저는 그 장면을 보면서 우리들의 인생도 결국은 맹순이의 인생과 크게 다르지 않겠다는 생각을 해 보았습니다. 아등 바등 산다고 살지만 결국 남기고 가는 것 없이 조용히 사라져 가는 것이 우리의 인생 아니겠습니까!

또 저는 그 드라마를 보면서 우리 모두에게도 죽음의 순간이 다가오고 있는 것에 대해서도 생각을 해 보았습니다. 사람이 젊고 건강할 때는 죽음이 나와는 거리가 먼 이야기처럼 느껴질 수도 있겠지만 언젠가는 반드시 죽음이 나에게도 찾아온다는 사실이지요. 그럴 때 우리는 어떻게 그 죽음을 맞이하게 될까요. 한 번쯤 내 자신에게도 찾아올 죽음에 대하여 깊이 생각해 보면서, 그 죽음을 어떻게 맞이할 것인지 생각하며 살아야 하지 않을까요.

이 글을 읽고 있는 당신은 죽음에 대해서 준비가 되어 있으신지요. 죽음 이후에는 또 어떻게 되는 것인지 생각해 보셨는지요. 많은 사람들이 내세를 믿지 않는다 하면서도 그들의 내면 깊은 곳에서는 내세에 대한 소망이 다 있는 것을 보게 됩니다. 그것은 사람의 본능이 그들에게 내세가 있음을 알려주고 있기 때문에 그런 것이지요.

성경의 말씀과 같이 인생은 풀의 꽃과 같고, 아침 안개와 같으며, 그림자와 같은 것입니다. 짧은 인생 살아가는 동안 부디 사랑하는 사람들과 행복하게 사시고, 죽음 뒤에는 성경이 말하는 그 천국에서 영원히 살 수 있는 당신이 되기를 바랍니다.

"너희는 인생을 의지하지 말라 그의 호흡은 코에 있나니 셈할 가치가 어디 있느냐"(이사야 2:22).

"내일 일을 너희가 알지 못하는도다 너희 생명이 무엇이냐 너희는 잠깐 보이다가 없어지는 안개니라"(야고보서 4:14).

평 안

　　사람에게는 필요한 것이 참 많습니다. 음식도 필요하고, 돈도 필요하고, 살 집도 필요하고, 가족도 필요하고, 건강도 필요합니다. 그 외에도 생각해 보면 필요한 것이 참 많습니다. 그런데 사람에게 있어서 너무나 중요하고 꼭 필요한 것이 있는데 그것은 '마음의 평안' 입니다.

　　우리나라의 자살률이 점점 높아지더니 지금은 세계 최고가 되었다는 부끄러운 보도를 읽은 적이 있습니다. 얼마 전에도 젊고 아름다운 여자 가수와 탤런트가 스스로 목숨을 끊었다는 가슴 아픈 보도를 보았습니다. 왜 사람들은 스스로 목숨을 끊는 것일까요? 이것 또한 마음의 평안과 관계 있는 문제겠지요.

　중국에서는 요즘 공자의 '논어' 바람이 거세다고 합니다. 베이징(北京)대학의 교수인 위단(于丹)이라는 분이 쓴 '논어심득(論語心得)'이라는 책이 벌써 몇 주째 베스트셀러 1위 자리를 지키고 있다는 소식입니다. '논어'가 다시 사람들에게 인기를 끌고 있는 이유에 대해서 '논어심득'의 저자 위단은 "논어는 마음의 병을 낫게 해주는 온천"이라는 말을 했답니다. 논어가 사람들에게 사랑받고 있는 이유 또한 마음의 평안과 관련되어 있음을 보게 됩니다. 그동안 중국은 돈을 향해 달려왔다고 해도 과언이 아닙니다. 그러나 이제 어느 정도의 돈을 갖게 되자 중국인들은 돈으로 얻을 수 없는 마음의 평안을 논어를 통해 찾아보려고 하는 것이지요.

　죽음의 문턱에서 암 수술을 받고 입원중인 분에게 병문안을 가서 병실에 누워 있는 그 분께 수술실에 들어갈 때 무슨 생각이 나더냐고 여쭈어 본 적이 있습니다. 그 분 말씀이 아무 생각 안 나고 성경 '시편 23편' 말씀만 생각나더라고 했습니다. 그리고 그 말씀이 큰 평안을 주었다고 고백했습니다. 그런데 또 그 분의 말씀이 이제 좀 살만 하니까 병원비도 걱정되고 여러 가지 생각들이 많아진다고 했습니다.

사람이 가장 절박한 순간에 찾게 되는 것이 마음의 평안이고, 사람에게 가장 필요한 것 또한 마음의 평안입니다. 현대인들은 너무 바쁘게 사느라 마음이 분주하여 평안을 소유할 틈도, 평안을 누릴 여유도 없는 것 같습니다. 그러나 당신이 가장 소중하게 돌보아야 하는 것이 '마음'이고, 당신이 꼭 소유하고 살아야 하는 것이 '평안'입니다.

마음이 지치고 힘들 때 당신은 어디서 평안을 찾습니까?

'논어'도 한 방법이 될 수 있겠고, 술이나 오락도 일시적인 효과가 있을지 모르겠습니다. 그러나 참된 평안은 하나님만이 주실 수 있습니다.

하나님이시지만 당신을 사랑하셔서 친히 인간의 몸을 입고 이 땅에 오신 예수 그리스도와 하나님께서 인간들에게 평안과 행복을 주시기 위해서 기록한 책인 성경을 당신에게 소개해 드리고 싶습니다.

"수고하고 무거운 짐 진 자들아 다 내게로 오라 내가 너희를 쉬게 하리라"(마태복음 11:28).

"여호와는 나의 목자시니 내게 부족함이 없으리로다 그

가 나를 푸른 풀밭에 누이시며 쉴 만한 물 가로 인도하시는 도다 내 영혼을 소생시키시고 자기 이름을 위하여 의의 길로 인도하시는도다 내가 사망의 음침한 골짜기로 다닐지라도 해를 두려워하지 않을 것은 주께서 나와 함께 하심이라 주의 지팡이와 막대기가 나를 안위하시나이다 주께서 내 원수의 목전에서 내게 상을 차려 주시고 기름을 내 머리에 부으셨으니 내 잔이 넘치나이다 내 평생에 선하심과 인자하심이 반드시 나를 따르리니 내가 여호와의 집에 영원히 살리로다"(시편 23편).

행복이 무엇인지
이제 알았어요

이재형

　'행복'이란 참 아름다운 단어이다. 사람들은 이 행복을 찾으려고 무척이나 애를 쓴다. 나도 행복을 찾기 위해 많이 노력해 보았다. 나는 인테리어 시공 일을 하고 있다. 인테리어가 시작될 때는 건물만 있는 황무, 그 자체이다. 그러나 그 황무에 설계도면이 그려지고, 목공작업·전기·도장·설비, 모든 과정을 거치면 하나의 작품이 탄생되고, 아름다운 모습이 드러난다. 그럴 때 보람이 느껴지고, 내 직업에서 행복을 찾을 수 있다. 그러나 전에는 내가 가지고 있는 직업에 대해 만족감이 없었다. 왠지 내가 하는 일이 초라해 보이고, 내가 별로 능력이 없는 것 같아서 늘 만족이 없었다. 그래서 장사도 해보고, 다른 일도 해보았지만 그것들도 나에게 행복을 주지 못했다. 나에게 직업이라

는 것은 마지못해 하는 일이었고, 생계를 위한 수단에 불과
했다. 나에겐 삼촌이 한 분 계시다. 그 분은 은행에서 일하
셨는데 자신의 직업에 대해 자부심이 대단했고, 그 일에 보
람과 만족을 누리고 계셨다. 나는 그것이 무척 부러웠다.
나는 그 분처럼 살 수가 없었기 때문이었다.

그런데 놀라운 일이 일어났다. 예수님을 믿게 된 후로는
나의 생각들이 바뀌게 되었다. 하나님이 나의 적성에 가장
맞는 일을 주셨다는 믿음이 생긴 것이다. 이 믿음은
일에서 보람을 찾게 해 주었고, 일하는 시간을
행복하게 해 주었다. 그래서 이제는 내가 할
수 있는 일을 통해서 가족과 교회를
섬길 수 있음을 하나님께 감사한다.
같이 일하는 사람들에게 "나는 내가
하는 일에 대해 만족
하고, 이 일을 할 수
있어서 행복하다"
라고 말하면 의아
하게 생각한다. 그
러나 나에게 있어

이 고백은 진심에서 우러나오는 것이다. 나는 행복이 상황의 변화에서 오는 것이 아니라 마음의 변화에서 오는 것임을 깨달았기 때문이다.

"사람이 먹고 마시며 수고하는 가운데서 심령으로 낙을 누리게 하는 것보다 나은 것이 없나니 내가 이것도 본즉 하나님의 손에서 나는 것이로다"(전도서 2:24).

세상의 많은 사람들은 행복을 찾으려고 상황의 변화를 추구한다. 더 부자가 되기 원하고, 더 많은 명예를 얻고자 하며, 상황이 나아지면 행복이 저절로 올 것이라고 생각한다. 하지만 그것은 잘못된 생각이다. 진정한 행복은 소박한 삶 가운데서, 하나님이 주신 것을 감사하며, 마음을 편하게 가지는 넉넉함에 있다.

나는 하나님이 나에게 주신 감사한 것들을 보게 되었다. 먼저 나에게 좋은 아내를 주신 것에 대해 감사한다. 지금 나에게 있어서 아내는 하나님을 섬기는데 좋은 동역자이다. 늘 서로 더 나은 방향을 제시하고 격려하며 하나님을 섬길 수 있어 힘든 순간에 참 많은 위로가 된다. 함께 노력할 수 있는 사람이 곁에 있다는 것은 정말 행복한 일이다. 그리고 또 감사한 것은 두 딸들이 하나님 안에서 잘 자라준 것이다. 첫째인 영아는 처음에 신학교를 간다고 해서 많이 반대했었다. 그 길이 힘들다는 것을 알기 때문이다. 그러나 지금은 그가 부족한 것을 채워서 진정으로 좋은 하나님의 일꾼이 되기를 소망한다. 물론 내가 보기에는 한없이 부족하고 못 미더운 구석들이 많아 보이지만 이제까지 지켜주신 하나님께서 그를 잘 다듬어 주실 것을 믿는다. 둘째인 은주는 구호단체인 기아대책기구에서 일하고 있다. 처음에 은주는 자신이 하는 일이 진정으로 하나님을 위한 일인가에 대해 스스로 많이 자문했었다. 그러나 선교하는 일로 네팔에 다녀온 후 자신이 하는 일에 대한 의미를 찾고, 더 열심인 것 같아서 마음이 놓인다.

만족이 없었던 나에게 하나님이 찾아오신 후 참 많은 변화가 일어났다. 그리고 그 변화는 나에게 '행복'이라는 선물을 안겨주었다. 하나님께서는 앞으로도 자신이 원하시는 대로 나를 만들어 가실 것이다. 이런 그 분의 손길 안에서 나는 참된 행복을 계속 누릴 것이다.

이 · 재 · 형

언제나 부지런하고 열심히 생활하시는 신실한 집사님으로 늘 편안한 웃음과 너그러운 표정으로 모든 걸 보듬으시는 자상한 분이시다. 현재 구의동에서 아내와 두 딸과 함께 행복하게 살고 있으며, 인테리어 일에 종사하고 있다.

잠시만 생각해 봅시다

　　최근에 어느 기독교 학생단체에서 대학 신입
생들을 대상으로 종교에 대한 설문조사를 한 적이 있습니
다. 그 조사결과에 따르면 우리나라 대학생들은 공부와 취
업에는 관심이 많지만 종교에 대해서는 별로 관심이 없는
것으로 나타났습니다. 그리고 "예수 그리스도가 누구라고
생각하느냐?" 하는 질문에는 기독교인 학생들을 제외하고
는 거의 아는 바가 없는 것으로 조사되었습니다. 학생들에
게 당장에 급한 것이 공부요, 취업이다 보니 이런 결과가
나왔겠지만 그래도 우리 학생들이 너무 근시안적인 사고를
하는 것이 아닌가 하는 생각이 들었습니다.

성경에 보면 인류역사 중에 참으로 악했던 때가 있었는데 '노아의 때'와 '롯의 때'가 그러한 때였습니다. 그 때 사람들은 부패하고 폭력적이었으며 성적으로 심히 타락되어 있었습니다. 뿐만 아니라 그들은 오직 먹고 사는 일에만 관심을 가지고 있었다고 성경은 우리에게 말해줍니다.

"노아가 방주에 들어가던 날까지 사람들이 먹고 마시고 장가 들고 시집 가더니 홍수가 나서 그들을 다 멸망시켰으며 또 롯의 때와 같으리니 사람들이 먹고 마시고 사고 팔고 심고 집을 짓더니 롯이 소돔에서 나가던 날에 하늘로부터 불과 유황이 비오듯 하여 그들을 멸망시켰느니라"(누가복음 17:27-29).

그 당시 사람들이 어떠했다고 말씀합니까? 오직 먹고 사는 데만 관심이 있었지 다가올 하나님의 심판에 대해서는 관심이 없었다고 말씀합니다. 그리고 성경은 이 세상의 마지막 때가 되면 사람들이 노아의 때와 같고 롯의 때와 같아질 것이라고 말씀합니다. 그런데 저는 오늘날 우리가 살고 있는 이 시대가 바로 그렇지 않은가 생각합니다. 부패와 폭력, 그리고 성적인 타락은 두 말 할 것도 없고, 그것 못지 않게 심각한 문제가 사람들의 관심이 오직 먹고 사는 것,

잘 먹고 잘 사는 것에만 가 있다는 것입니다. 대학생들의 설문조사 결과도 바로 그러한 것을 반영하고 있다고 볼 수 있겠지요.

얼마 전에는 서울의 모 명문고등학교 학생회장이 성적과 진학문제로 고민을 하다가 투신자살을 한 일이 있었습니다. 장래가 매우 촉망되는 젊은이였는데 왜 자살을 했을까 정말 안타까운 생각이 들었습니다. 무엇이 그 학생으로 하여금 스스로 목숨을 끊게 만들었을까요? 왜 이런 불행한 일이 우리 사회에서 계속 일어나고 있는 것일까요? 저는 그 이유도 바로 이 시대가 만들어내고 있는 잘못된 가치관 때문이라고 생각합니다. '잘 먹고 잘 살기 위해서는 성공해야 하고, 성공하기 위해서는 좋은 학교에 진학해야 한다.' 이것이 오늘날 사람들의 가장 중요한 관심사요, 가치관 아닙니까? 그런데 이러한 가치관이 문제입니다. 많은 대학생들이 참으로 중요한 '삶과 죽음의 문제'에는 관심이 없고 오직 먹고 사는 데만 관심을 가지는 것도, 고등학생이 성적이 안 좋다고 자살을 하는 것도 다 잘못된 가치관 때문이라고 말할 수 있습니다. 그래서 저는 이 시대가 노아의 때와 같고, 롯의 때와 같다고 생각하는 것입니다.

사랑하는 형제여, 당신의 가치관은 무엇입니까? 당신은 살아가는 목적을 어디에 두고 있습니까? 당신은 죽음에 대해서 그리고 죽음 이후에 대해서 생각을 해보셨습니까? 잘 먹고 잘 사는 것도 좋지만 그것이 인생의 다는 절대로 아닙니다. 나는 무엇을 위해 사는가, 어디서 와서 어디로 가고 있는가, 죽음 뒤에는 어떻게 될 것인가, 한 번쯤 깊이 생각해 볼 수 있기를 바랍니다.

"그들이 평안하다, 안전하다 할 그 때에 임신한 여자에게 해산의 고통이 이름과 같이 멸망이 갑자기 그들에게 이르리니 결코 피하지 못하리라"(데살로니가전서 5:3).

영원히 살 수 있는 길은 없을까요?

사람들은 누구나 다 오래 살기를 원합니다. 가능만 하다면 죽지 않고 영원히 살기를 원합니다. 옛날 중국의 진시황은 늙고 싶지 않고, 죽고 싶지 않아서 불로초를 구해오라고 했다는데 이것이야말로 모든 사람들의 마음을 잘 나타내 주고 있는 것이 아닌가 생각됩니다.

그런데 왜 사람들은 오래 살기를 원하는 것일까요? 또 왜 할 수만 있다면 죽지 않고 영원히 살기를 원하는 것일까요? 우리는 그 이유를 성경에서 찾아볼 수 있습니다. 전도서 3장 11절에 보면 하나님께서는 사람들에게 '영원을 사모하는 마음'을 주셨다고 말씀하고 있습니다. 그러니까 이

'영원을 사모하는 마음'이라고 하는 것은 하나님께서 사람들에게 주신 일종의 본능이라고 할 수 있는데 바로 이 본능 때문에 사람들은 오래 살기를 원하는 것이고, 또 할 수만 있다면 영원히 살기를 원하는 것입니다. 그리고 이러한 본능 때문에 의학은 계속 발전되어 왔으며, 또한 여러 가지 종교도 이 땅에 생겨나게 된 것입니다.

그러나 한 가지 분명한 사실이 있습니다. 사람은 아무리 오래 살기를 원하고, 또 그 원함 때문에 의학을 발전시키고 생명과학을 발전시킨다 해도 이 땅에서는 절대로 영원히 살 수 없다는 것입니다. 그런데 사람이 '하나님 나라'의 일원이 될 수 있다면 어떨까요? 그러면 가능하겠지요. 왜냐하면 하나님은 영원하신 분이고 전능하신 분이기에 그 분께서 허락해 주신다면 사람도 하나님 나라의 일원이 되어서 영원히 살 수 있을 테니까요.

그렇다면 문제는 사람이 어떻게 하나님 나라의 일원이 될 수 있는가 하는 것입니다. 이것은 사람의 노력으로는 불가능합니다. 이 땅에 많은 종교들이 있는데 종교라는 것은 결국 사람의 노력으로 하나님 나라의 일원이 되어보겠다는 것입니다. 그러므로 종교를 통해서도 하나님 나라의 일원이 될 수는 없습니다. 그러나 하나님께서 그 길을 보여 주신다면 어떨까요? 그러면 가능한 일이지요. 그런데 참 감사한 것은 하나님께서는 그 길을 인생들에게 보여주셨다는 것입니다. 그 길은 바로 예수 그리스도이십니다. 이렇게 말하면, 그것은 기독교의 독선이라고 말할 분들도 계시겠지만 그래도 예수 그리스도만이 하나님께서 보내주신 유일한 구원의 길인 것을 어떻게 하겠습니까. 비난하기보다는 오

히려 구원의 길을 제시해 주신 하나님께 사람들은 깊이 감사드려야 할 것입니다.

그러면 예수 그리스도가 하나님께서 보내주신 구원의 길이라는 것을 어떻게 알 수 있

을까요? 그것은 그렇게 어렵지 않습니다. 예수 그리스도께서 행하신 놀라운 기적들, 그 분이 하신 말씀들, 그리고 죽음의 권세를 깨치고 부활하신 것을 보면 그 분은 분명히 하나님께로부터 오신 구원의 길이십니다. 예수님에 대한 성경의 기록들은 누가 지어낸 이야기가 아닙니다. 역사적인 사실이고, 수많은 목격자들이 있었습니다. 목격자들의 기록이 사복음서의 기록이고, 그들의 삶이 또한 그들의 기록이 사실임을 증거해 주고 있습니다.

영원히 살 수 있는 길이 있다면 당신은 그 길을 선택하지 않으시겠습니까? 어린 아이와 같은 겸손한 마음으로 예수님에 대한 이 놀라운 사실을 받아들임으로 당신도 하나님 나라의 일원이 되시기를 간절히 소원합니다.

"하나님이 세상을 이처럼 사랑하사 독생자를 주셨으니 이는 그를 믿는 자마다 멸망하지 않고 영생을 얻게 하려 하심이라"(요한복음 3:16).

"내가 진실로 너희에게 이르노니 누구든지 하나님의 나라를 어린 아이와 같이 받들지 않는 자는 결단코 들어가지 못하리라"(누가복음 18:17).

어떻게 부활을
믿을 수 있냐고요?

　　사람은 똑똑한 것 같으면서도 어떻게 보면 참 어리석은 면이 있는 것을 보게 됩니다. 새로운 것을 발명하고 끊임없이 과학문명을 발전시켜 나가는 것을 보면 사람은 확실히 똑똑한 존재입니다. 그러나 어떤 큰 일을 앞두고 그 일이 잘 되게 해달라고 돼지머리를 갖다 놓고 절을 하고 복을 기원하는 것을 보면 사람은 또 얼마나 어리석은지요.

　　또한 사람은 자기가 알고 있는 것, 경험해 본 것에 대해서는 믿으려고 하지만 자기가 모르는 것, 경험해 보지 못한 것에 대해서는 잘 믿으려고 하지 않는데 이것도 생각해보면 참 어리석은 일이라 할 수 있습니다. 사람이 어떻게 모든 일을 알 수 있겠으며 모든 일을 경험해 볼 수 있겠습니까? 그런데도 자신의 지식과 경험만을 고집한다면 그것은 어리석은 일이지요.

부활에 대해서도 그런 것이 아닌가 생각합니다. 오늘날 많은 사람들이 부활을 믿지 않습니다. 예수님이 부활하셨다는 이야기도 믿지 않고, 죽음 후에 부활이 있는 것도 믿지 않습니다. 자신이 경험해 보지 못했으니까 그럴 수 있겠지요. 그런데 성경에 보면 부활에 대해서 이렇게 이야기합니다.

"어리석은 사람이여! 그대가 뿌리는 씨는 죽지 않고서는 살아나지 못합니다. 그리고 그대가 뿌리는 것은 장차 생겨날 몸 그 자체가 아닙니다. 밀이든지 그 밖에 어떤 곡식이든지, 다만 씨앗을 뿌리는 것입니다. 그러나 하나님께서는 원하시는 대로, 그 씨앗에 몸을 주시고, 그 하나 하나의 씨앗에 각기 고유한 몸을 주십니다. 모든 살이 똑같은 살은 아닙니다. 사람의 살도 있고, 짐승의 살도 있고, 새의 살도 있고, 물고기의 살도 있습니다. 하늘에 속한 몸도 있고, 땅에 속한 몸도 있습니다 …… 죽은 사람들의 부활도 이와 같습니다. 썩을 것으로 심는데, 썩지 않을 것으로 살아납니다. 비천한 것으로 심는데, 영광스러운 것으로 살아납니다. 약한 것으로 심는데, 강한 것으로 살아납니다. 자연적인 몸으로 심는데, 신령한 몸으로 살아납니다. 자연적인 몸이 있으면, 신령한 몸도 있습니다"(고린도전서 15:36-44).

무슨 말씀인가 하면 이 땅에도 여러 종류의 육체가 있는 것처럼 사람에게도 자연적인 몸이 있는가 하면 신령한 몸도 있다는 것입니다. 물론 이 신령한 몸은 부활 후에 갖게 될 몸을 이야기하는 것입니다. 그런데 사람들은 신령한 몸, 즉 영의 몸을 한 번도 입어 본 적이 없기 때문에 부활에 대해서 잘 받아들이지 않습니다.

그러나 이렇게 한 번 생각해 보십시오. 만일 당신이 새가 하늘을 나는 것을 한 번도 본 적이 없다면, 어떤 육체를 가진 동물이 하늘을 난다는 것을 믿을 수 있겠습니까? 또 작은 씨가 땅에 묻혀서 거기서 싹이 나고 큰 나무로 자라는 것을 당신이 한 번도 보지 못했다면, 땅에 묻힌 씨에서 씨의 형태와는 전혀 다른 싹이 나오고 그 싹이 자라서 큰 나무가 되는 것을 당신은 믿을 수 있겠습니까?

부활도 이와 같은 것입니다. 사람이 죽으면 썩어 없어짐으로 모든 것이 끝나는 것 같지만 그것이 끝이 아니라는 것

입니다. 보이는 것만 믿고, 경험한 것만 믿으려는 어리석은 사람이 되지 마시고 나의 지식과 경험을 초월해서 살아 계시는 하나님의 말씀을 믿을 수 있는 당신이 되기를 바랍니다.

"예수께서 이르시되 나는 부활이요 생명이니 나를 믿는 자는 죽어도 살겠고 무릇 살아서 나를 믿는 자는 영원히 죽지 아니하리니 이것을 네가 믿느냐"(요한복음 11:25-26).

오직 믿음으로

구약 성경 열왕기하 5장에 보면 나아만이라고 하는 한 장군의 이야기가 소개되어 있습니다. 그는 용사요, 나라를 구한 영웅이었으며, 왕의 총애를 받는 사람이었습니다. 그런데 불행하게도 그는 나병환자였습니다.

나아만의 이러한 상태는 오늘날 사람들의 영적인 상태를 너무나 잘 나타내주고 있습니다. 오늘날 사람들이 겉으로 보면 얼마나 행복해 보입니까. 아름다운 옷으로 자신을 치장하며 얼굴에는 미소가 있습니다. 어느 정도 행복해 보이는 가정도 있고, 사회적인 지위도 있습니다. 그런데 인생들의 실상은 어떻습니까? 그들의 삶 가운데 고통이 있습니다. 아픔이 있습니다. 남 모르는 눈물이 있고, 괴로움이 있고, 불행이 있습니다.

나아만 장군은 나병 때문에 그 삶에 고통이 있었고 불행이 있었는데 오늘날 현대인들의 고통과 불행은 무엇 때문입니까? 하나님 말씀에 의하면 죄 때문에 인생들에게 고통이 있고, 불행이 있고, 결국에는 죽게 된다고 말씀하고 있습니다. 그런데 현대인들의 더 큰 비극은 자신들의 이러한 문제에 대해서 알지도 못하고, 해결할 생각도 하지 않으며, 모든 것을 그냥 당연한 것으로 받아들이며 살아가고 있다는 것입니다.

정말 인생은 문제와 고통 속에 살다가 결국 죽어야만 하는 것일까요? 성경은 아니라고 대답합니다. 인생의 모든 문제와 불행은 죄에서 비롯되었고 죄 때문에 결국 죽게 되는 것이라고 이야기해 줍니다. 하나님을 마음에 두기 싫어하고 하나님을 떠나서 살아가는 죄 말입니다.

다시 나아만 장군의 이야기로 돌아가 봅시다. 나아만 장군은 결국 하나님께서 하나님의 사람을 통해 보여주신 방법, 즉 요단강에 가서 몸을 일곱 번 씻음으로 온전케 됨을 입습니다. 그것은 하나님의 말씀에 믿음으로 순종한 결과

였습니다.

그런데 그에게 하마터면 병을 고치지 못하고 평생 나병 환자로 살다가 죽을 뻔한 위기가 있었습니다. "내 생각에는 …" 하면서 하나님께서 가르쳐 주신 방법보다 자신의 인간 적인 생각을 앞세운 것입니다. 그가 생각했던 방법은 어떤 종교적인 의식 같은 것이었습니다. 그러나 하나님께서 제 시하신 방법은 믿음으로 순종하는 것이었습니다. 인간의 생각과 방법으로 구원받으려는 것, 그것이 무엇인줄 아십니까? 바로 '종교'입니다. 그러나 한 가지 분명히 알아야 할 것은 인간의 생각에서부터 나온 종교로는 절대로 사람이 구원받을 수도 없고, 인간의 문제를 해결할 수도 없다는 것입니다.

그렇다면 하나님께서 제시해 주신 구원의 길은 무엇일까요? 사람이 구원받을 수 있고, 진정으로 행복해질 수 있는 방법은 무엇일까요? 바로 예수 그리스도이십니다. 예수 그리스도만이 하나님께서 인생들에게 제시하신 유일한 구원의 길입니다.

구원받기 원하십니까? 죄 문제를 해결하기 원하십니까? 고통의 문제에서 벗어나기 원하십니까? 행복해지기 원하십니까?

예수 그리스도가 그 해답입니다.

"다른 이로써는 구원을 받을 수 없나니 천하 사람 중에 구원을 받을 만한 다른 이름을 우리에게 주신 일이 없음이라"(사도행전 4:12).

"주 예수를 믿으라 그리하면 너와 네 집이 구원을 받으리라"(사도행전 16:31).

당신은 어떤 죽음을 맞이하기 원하십니까?

1899년 미국에서는 유명한 두 사람이 세상을 떠났습니다. 한 사람은 잉거솔(R. G. Ingersoll)이라는 사람이었고, 또 한 사람은 무디(D. L. Moody)라는 사람이었는데 이 두 사람은 아주 대조가 되는 사람이었습니다. 잉거솔은 무신론주의자로서 기독교신앙을 반박하고 공격하는 것으로 유명했고, 무디는 기독교 복음전도자로서 예수 그리스도의 복음을 전파하는 사람으로 유명했습니다.

어느 날, 잉거솔이 갑작스럽게 세상을 떠났습니다. 갑작스런 그의 죽음 앞에 가족들은 큰 충격을 받았습니다. 그의 아내는 그를 떠나보내지 못해서 그의 시신을 며칠씩 집에 두고 있다가 결국은 더 이상 그렇게 할 수 없어 화장을 함으로 아쉽고도 슬픈 작별을 해야 했습니다. 그의 장례 장면과 화장장의 모습이 매스컴을 통해 보도되었는데 누가 보더라도 그 분위기는 침통하고 비극적이었습니다. 그것이 사람들 눈에 비춰진 무신론자 잉거솔의 마지막 모습이었습니다.

무디도 세상을 떠나게 되었습니다. 죽음의 자리에서 그는 이런 말을 했습니다. "땅이 물러가고 하늘이 열리는구나. 하나님께서 나를 부르고 계신다." 그 말을 들은 그의 아들이 "아버지, 꿈을 꾸고 계시는군요."라고 하자 그는 "아니야, 이것은 꿈이 아니야. 천국 문에 들어가 보았는걸. 어린 아이들의 얼굴도 보았단다." 라고 이야기했습니다. 그리고는 또 이렇게 말했습니다. "이것이 죽음이란 말인가. 그렇다면 그렇게 나쁘지 않구나. 이것은 기쁨이야. 영광스럽구나." 또한 아버지의 회복을 위해 기도하던 딸에게는 이런 이야기를 했습니다. "애야, 그렇게 기도하지 말아라. 하나님께서 나를 부르고 계시는구나. 오늘은 나의 대관식 날이야. 내가 이 날을 오랫동안 기다려 왔단다."

잠시 뒤에 무디는 숨을 거두었고, 그의 가족들은 감사와

소망이 넘치는 마음으로 장례예배에 참석할 수 있었습니다. 그들은 소망이 넘치는 찬송을 하나님 앞에서 불렀으며, "사망아 너의 이기는 것이 어디 있느냐? 사망아 너의 쏘는 것이 어디 있느냐 …… 우리 주 예수 그리스도로 말미암아

우리에게 이김을 주시는 하나님께 감사하노라"(고린도전서 15:55-57) 하는 하나님의 말씀도 들을 수 있었습니다.

무디와 잉거솔, 두 사람 다 유명했으며, 죽는 것도 같은 해에 죽었지만 그들의 죽음에는 큰 차이가 있었습니다. 무엇이 그들의 죽음을 차이 나게 만들었는지는 굳이 말하지 않아도 이미 아셨을 것입니다.

이 글을 읽는 당신은 어떻습니까? 언젠가 당신에게도 찾아올 죽음에 대해서 당신은 준비가 되어 있습니까? 당신의 가족들은 당신의 죽음 앞에서 어떠한 반응을 보이게 될 것 같습니까?

바라기는 당신도 예수 그리스도를 믿음으로 무디와 같이 행복하고 영광스러운 죽음을 맞이할 수 있기를 바라며, 무디의 가족들처럼 당신의 가족들도 당신의 죽음 앞에서 하나님께 감사와 소망이 넘치는 반응을 보일 수 있기를 간절히 소원합니다.

"성도의 죽는 것을 하나님께서 귀중히 보시는도다"(시편 116:15).

"너희가 재앙을 만날 때에 내가 웃을 것이며 너희에게 두려움이 임할 때에 내가 비웃으리라"(잠언 1:26).

헛되고 헛되니
모든 것이 헛되도다

　　구약성경 중에 '전도서'라는 책이 있습니다. 생각하며 천천히 읽어도 한 시간이면 다 읽을 수 있는 작은 책이지만 인생에 대해서 정말 많은 것을 생각하게 해 주는 책입니다. 이 글을 쓰고 있는 저는 목사이지만 저도 때로는 제가 살고 있는 인생에 대해 혼란스러워질 때가 있습니다. 그럴 때 저는 전도서를 읽습니다. 차분히 앉아서 전도서를 읽다보면 어느새 제 생각이 정리가 됩니다. 그리고 어떻게 살아야 할지, 무엇을 위해 살아야 할지 새삼 깨닫게 됩니다.

　　전도서를 기록한 분은 고대 이스라엘의 3대 왕이었던 솔로몬 왕입니다. 그는 지혜의 왕이었고, 세상의 부귀영화를 어느 누구보다도 많이 누렸던 사람입니다. 그는 자신을 즐겁게 하기 위해 술도 마셔보았고, 아름다운 집들도 지어보았으며, 집안에는 아름다운 정원을 꾸며보기도 하였습니다. 또, 춤추고 노래하는 사람들도 많이 두어서 언제라도 외로울 때는 춤과 노래로 자신을 즐겁게 하였으며, 집안에는 금은 보화가 가득하였습니다. 여자들도 많이 두었는데 700명의 아내와 300명의 첩이 있었습니다.

이 정도면 남자로서 원도 한도 없이 살았다고 볼 수 있겠지요. 그런데 그가 내린 결론이 무엇인지 아십니까?

"헛되고 헛되며 헛되고 헛되니 모든 것이 헛되도다."(전도서 1:2).

이것이 그의 결론이었습니다.

사람이 무엇을 추구하며 살아갈 때는 거기에 만족이 있고, 거기에 기쁨이 있고, 거기에 행복이 있을 것이라 생각합니다. 그런데 막상 얻고 보면 그것이 아무 것도 아닌 것임을 뒤늦게 발견하게 되지요. 솔로몬 왕도 모든 것을 다 해보고 난 뒤에 그런 것을 깨닫게 되었습니다. 솔로몬 왕은 또 이렇게 말합니다.

"눈은 보아도 족함이 없고 귀는 들어도 차지 아니하는도다."(전도서 1:8b).

"내가 해 아래서 행하는 모든 일을 본 즉 다 헛되어 바람을 잡으려는 것이로다."(전도서 1:14).

어떻습니까? 공감이 가지 않습니까?

그렇다면 참 만족과 행복은 어디에 있는 것일까요? 솔로몬 왕의 말에 조금 더 귀 기울여 봅시다.

"사람이 먹고 마시며 수고하는 가운데서 심령으로 낙을 누리게 하는 것보다 나은 것이 없나니 내가 이것도 본 즉 하나님의 손에서 나는 것이로다"(전도서 2:24).

"사람이 사는 동안에 기뻐하며 선을 행하는 것보다 나은 것이 없는 줄을 내가 알았고 사람마다 먹고 마시는 것과 수고함으로 낙을 누리는 것이 하나님의 선물인 줄을 또한 알았도다"(전도서 3:12-13).

결국 솔로몬 왕이 발견한 것이 무엇입니까? 수고하는 가운데 낙을 누리며 살아가는 것이 행복이요, 최고의 삶이라는 것입니다. 그리고 그것은 하나님께서 주셔야만 가능하다는 것입니다.

사랑하는 당신에게 묻습니다. 당신은 지금 무엇을 추구하며 살아가고 있습니까? 재물입니까? 명예입니까? 쾌락입니까? 이미 솔로몬 왕이 다 누려 본 것들입니다. 지혜의 왕 솔로몬이 자신의 경험과 관찰과 하나님께서 주신 지혜로 하신 말씀들을 깊이 생각하시면서 후회 없는 인생을 살아가시기를 바랍니다.

"전도자가 이르되 헛되고 헛되며 헛되고 헛되니 모든 것이 헛되도다"(전도서 1:2).

아! 이제야 만났습니다

정춘희

제 마음 속에는 늘 하나님을 찾고자 하는 열망이 있었습니다. 하지만 혼탁한 세상 속에서 참 하나님을 만난다는 것이 제게는 쉬운 일이 아니었습니다. 여태까지 살아온 삶을 돌이켜보면 하나님과 함께 했으면 덜 힘들고 평안했을 것을 너무도 방황을 많이 한 것 같습니다. 하지만 하나님은 저 같은 사람도 사랑해 주셨습니다. 그것이 가슴 시리도록 감사할 뿐입니다.

어린 시절 대구에서 살던 저의 가족은 아버지의 사업실패로 온 가족이 서울로 올라와 살게 되었습니다. 서울로 이사와 알게 된 첫 이웃의 권유로 어머니와 언니, 오빠, 저는 남묘호랭게교에 다니게 되었습니다. 어린 저는 어떤 의미나 믿음 없이 그냥 형제들을 따라 열심히 다녔던 것 같습니다. 그렇게 몇 년을 다니다가 저는 학교 친구의 전도로 교회 주일학교에 나가게 되었습니다. 막연하게 정말 순수한 마음으로 하나님이 좋아 열심히 다녔습니다. 그러나 그것도 혼자만의 신앙이라 어느 순간 나가지 않게 되었고, 같은 동네 사는 사촌의 전도로 이번에는 '여호와의 증인'에 다니기 시작했습니다. 거의 매일 성경공부를 하고 집회에도 열심히 나갔는데 저는 그것이 이단인지 몰라 주변의 시선을 통해 이상하다는 느낌을 받곤 했습니다. 몇 년을 또 그렇게 보내다가 나가지 않게 되었고, 고등학교를 미션스쿨에 가게 되었는데 학교에서의 기도와 윤리시간의 성경말씀, 합창대회의 찬양으로 저는 하나님과 만나는 듯 하였지만 그것도 허울뿐이었

습니다. 고3시절에는 이웃의 전도로 잠시 개척교회도 가고, 친구의 권유로 큰 교회도 나갔지만 하나님에 대한 동경만 커져갈 뿐 참 하나님을 만나

지 못하고 하나님을 믿는 사람들에 대한 불신만 커져갔습니다.

학교 졸업 후 은행에 취직하여 직장생활을 하게 되었지만 마음의 공허함을 채울 길이 없었습니다. 이것 저것 배워도 보고 공부도 해 보았지만 어느 것 하나 만족함이 없었습니다. 그러던 어느 날, 퇴근길에 엄마와 함께 횡단보도에 서 있는데 졸음운전을 하던 화물트럭이 덮쳐 교통사고를 당하게 되었습니다. 그 때 엄마가 저를 밀치는 바람에 저만 살고 엄마는 돌아가시고 말았습니다. 그 당시 저는 엄마를 그렇게 보낸 죄책감에 죽고만 싶었습니다. 사고 후유증으로 병원을 왔다 갔다 하며, 생활도 별 의미 없이 지내던 저는 지금의 남편을 만나 결혼하게 되었고, 환경이 바뀌자 새로운 마음으로 다시 열심히 생활하기 시작했습니다. 이번에는 불교를 믿는 시어머니를 따라 절에 다니기 시작했습니다. 이제는 정말 마음에 평안을 얻을 수 있을 거라 기대하며 열심히 절을 했습니다. 하지만 그렇게 결혼생활을 하면서 부부간의 갈등과 시댁에 대한 미움만 커져가고, 시간이 지나면서 마음은 황폐해지기 시작했습니다. 모든 걸 단절하고 싶었던 그 순간, 저는 정말 하나님을 찾아 교회에 나가고 싶어졌습니다. 제 마음이 그렇게 하나님을 찾고 있을 때 동네 친구 이지영 자매가 저를 교회로 인도했습니다. 저는 정말 좋은 교회를 만났습니다. 성경 말씀 중심인 새삶침례교회에 나가면서 그동안의 혼란함이 풀리기 시작했습니다. 예배 때의 말씀과 성경공부를 통해 제 눈이 뜨이고, 귀가 열리게 된 것입니다. 혼란이 사라지고 죄인됨을 회개하며 구원의 확신을 가지게 되었습니다. 그토록 오랜 방황의 세월 끝에 이제야 참 하나님을 만나게 된 것입니다. 얼마나 감격스러웠는지 쏟아지는 눈물을 주체할 수가 없었습니다. 저의 긴 여정 속에 간섭해 주시고 마침내 하나님 품으로 인도해 주신 사랑에 감격할 따름입니다. 저는 이제 평안하고 기쁜 예배를 드리고 있어서 무척 행복합니다. 이제는 진정 하나님의 자녀답기를 원하며, 교회의 한 성도이기를 원합니다. 앞으로 저는 끝까지 하나님을 놓지 않을 것이고 저의 가족 모두가 하나님의 자녀가 되도록 기도할 것입니다.

정 · 춘 · 희
사랑과 정이 많아 사람들과 잘 어울리고, 매사에 확실하게 임하는 활달하고 적극적인 자매이다. 현재 남편과 세 자녀와 함께 가락동에서 살고 있으며, 기도 안에서 밝은 가정을 꾸려나가고 있다.

목마르지 않습니까?

　　신약성경 요한복음 4장에 보면 예수님과 한 사마리아 여인의 만남 이야기가 기록되어 있습니다. 예수 님은 여행 중에 목이 마르셔서 우물을 찾으셨고, 이 여인은 그 우물가에 물 길으러 나왔다가 예수님을 만나게 되었습 니다. 이 여인은 과거에 남편이 다섯이나 있었고 지금은 여 섯 번째 남자와 살고 있는 부도덕한 여인이었습니다. 이러 한 여인이었기에 그녀는 사람들을 피해 뜨거운 대낮에 물 을 길으러 와야 했습니다.

　　우리는 이 여인에게서 두 종류의 목마름을 보게 됩니다. 하나는 육신의 목마름인데 이 목마름은 언제라도 우물가에만 오면 해결될 수 있는 목마름이었고, 또 다른 하나는 영혼의 목마름이었습니다. 표면적으로 보면 이 여인은 사랑과 애정 또는 쾌락에 대한 목마름을 가지고 있던 것처럼 보이지만, 이 여인의 진짜 목마름은 영혼의 목마름이었습니다. 이 여자가 예수님을 만나 영혼의 해갈을 경험하고 난 뒤에 취한 행동을 보면 그것을 알 수 있습니다. 이 여인은 예수님을 만나 영혼의 해갈을 경험하고 난 뒤에 온 동네를 뛰어 다니면서 자기가 만난 메시아, 자기가 경험한 영혼의 해갈에 대해서 이야기를 합니다. 만약 이 여자가 단지 좋은 남자를 만났다면 이렇게 했을까요? 어림도 없는 이야기지요. 오히려 더 고개를 못 들고 다녔을 것입니다. 그러나 이 여인은 영혼의 해갈을 경험했기에 진정으로 기뻐하면서 놀랍게 변화된 모습을 보일 수 있었던 것입니다. 그런데 이 여인은 지금까지 영혼의 목마름을 어떻게 채워야 하는지를 몰라서 사랑과 애정, 또는 쾌락으로 채워보려고 했던 것입니다. 그리고 그런 방식으로 채우려고 하면 할수록 그 목마름은 더 깊어만 갔습니다. 그래서 결국 남편만 계속 바꾸며 살았던 것입니다.

이 여인의 모습 속에서 목마름을 가지고 이 세상을 살아

가고 있는 사람
들의 모습이 보
이지 않습니까?
오늘날 사람들도
무엇인가에 목말
라 하고 있습니
다. 그런데 그 목
마름이 무엇인지
는 잘 모릅니다.
그래서 어떤 사
람들은 그 목마

름을 사랑으로, 쾌락으로, 돈으로, 명예로, 지식으로, 종교
로 채워보려 합니다. 그러나 이런 것들로는 그 목마름이 채
워지지가 않습니다. 왜 그런 줄 아십니까? 사람들의 진짜
목마름은 영혼의 목마름이고 그것은 생수의 근원이 되시는
하나님께 나아올 때만이 해결될 수 있기 때문에 그렇습니
다. 예레미야 2장 13절은 이렇게 말씀합니다.

"내 백성이 두 가지 악을 행하였나니 곧 그들이 생수의
근원되는 나를 버린 것과 스스로 웅덩이를 판 것인데 그것

은 그 물을 가두지 못할 터진 웅덩이들이니라."

생수의 근원이 되시는 하나님을 버리고 터진 웅덩이에 아무리 무엇을 채우려한들 채워지겠습니까? 솔로몬 왕도 그 터진 웅덩이를 채워보기 위해 안 해본 것이 없습니다. 술도 마셔보았고, 많은 여자들을 아내로 두기도 했으며, 많은 재물을 가져 보기도 했습니다. 또, 공부도 많이 해 보았고, 온갖 부귀영화도 다 누려보았습니다. 그런데도 그의 웅덩이는 채워지지 않았습니다. 그래서 그가 내린 결론이 "헛되고 헛되며 헛되고 헛되니 모든 것이 헛되도다"(전도서 1:2) 하는 것이었습니다.

당신은 지금 무엇으로 영혼의 목마름을 채우려고 하십니까? 재물입니까? 사랑입니까? 성공입니까? 세상의 철학이나 종교입니까? 무엇으로도 채울 수 없습니다. 예수님을 통하여 살아계신 참 하나님께 나아올 때만이 당신은 영혼의 해갈을 경험하게 될 것입니다.

"이 물을 마시는 자마다 다시 목마르려니와 내가 주는 물을 마시는 자는 영원히 목마르지 아니하리니 내가 주는 물은 그 속에서 영생하도록 솟아나는 샘물이 되리라"(요한복음 4:13-14).

우물 파는 인생

　　구약성경 창세기에 나오는 인물 중에 이삭이라는 인물이 있습니다. 이스라엘 민족의 조상 아브라함의 아들이며, 이스라엘 12지파의 아버지가 된 야곱이라는 사람의 아버지가 되는 사람입니다.

　　성경에 나오는 인물들을 보면 나름대로 특징이 다 있습니다. 그런데 이 분은 이렇다 할 특징이 없습니다. 그래서 아브라함이나 야곱에 대해서는 창세기에 상당히 많은 지면이 할애되어 소개되어 있지만 이 분에 대해서는 아주 조금 기록되어 있을 뿐입니다. 이 분의 삶이 그만큼 평범했다는 것입니다.

이런 점에서 볼 때 이 분의 삶은 대다수 사람들의 삶과 크게 다르지 않다는 생각이 듭니다. 사람들 중에는 유별난 삶을 사는 분도 계시겠지만 대다수 사람들은 평범한 삶을 살고 있으니까요. 그래서 저의 경우에는 오히려 더 많이 이 분에게 끌립니다.

　그런데 이 분의 삶에 대해서 한 가지 독특하게 성경에 기록되어 있는 것은 이 분의 삶 가운데는 유독 우물 파는 일이 많았다는 것입니다. 그리고 창세기는 그것을 의도적으로 기록하고 있는 듯합니다. 창세기 26장에 기록된 이삭의 우물 파는 이야기를 읽어보면 그는 우물을 파는 과정에서 여러 가지 일들을 경험하는 것을 볼 수 있습니다. 우물을 파놓으면 다른 사람들이 와서 메워버리기도 하고, 또 다른 곳으로 가서 우물을 파면 그 우물 때문에 다툼이 일어나기도 합니다. 그러면서도 그는 평화를 사랑하는 사람인지라 다투지 아니하고 계속 옮겨가면서 우물을 파는 것을 봅니다. 그런데 저는 그 기록을 읽으면서 바로 우리 인생이 우물 파는 것과 비슷하다는 생각이 들었습니다. 이삭이 결국 살기 위해 끊임없이 우물을 파야 했던 것처럼 우리 또한 살기 위해 끊임없이 우물을 파야 하니까요. 그리고 우물을 파다보면 이삭이 경험했던 것같이 누군가가 우리가 파놓은 우물을 메워버리기도 하고, 우물 때문에 다툼이 일어나기도 합니다. 그러면서도 우물파기를 멈출 수는 없습니다. 또한 이삭이 우물을 팠을 때나 우리가 팔 때나 우물파기란 결코 쉽지 않습니다.

그런데 이삭의 우물 파는 인생에는 한 가지 특징이 있었습니다. 그것은 그의 삶 가운데 하나님이 계셨고, 하나님을 경외하는 삶을 사는 가운데 우물을 계속 팠다고 하는 것입니다. 그리고 그것 때문에 하나님은 그를 축복해 주셨고, 크리스천들은 그를 믿음의 조상으로 우러러 보고 있습니다.

이 글을 읽고 있는 당신은 지금 어떤 우물을 파고 있습니까? 사람은 하나님께 범죄한 이후 계속 우물을 파야만 살 수 있는 존재입니다. 그리고 우물을 파는 과정에서 여러 가지 일을 경험하기도 합니다. 그런데 중요한 것은 단지 살기 위해 우물을 파는 삶에는 큰 의미가 없다는 것입니다. 사람이 살아가는 참 의미는 사람을 지으신 하나님을 섬기며 사는데 있는 것이고, 또한 하나님만이 사람을 축복해 주실 수도 있으며, 행복하게 해 주실 수도 있는 분임을 잊지 맙시다.

“이삭이 그 곳에 제단을 쌓고 하나님의 이름을 부르며 거기 장막을 쳤더니 이삭의 종들이 거기서도 우물을 팠더라”(창세기 26:25).

　　“이삭이 거기서 옮겨 다른 우물을 팠더니 그들이 다투지 아니하였으므로 그 이름을 르호봇이라 하여 이르되 이제는 하나님께서 우리를 위하여 넓게 하셨으니 이 땅에서 우리가 번성하리로다 하였더라”(창세기 26:22).

변화되기 원하십니까?

　　새로운 한 해가 밝았습니다. 매년 해가 바뀐다는 것은 참으로 좋은 일이라 생각됩니다. 왜냐하면 해가 바뀌면서 사람들은 새로운 결심도 하고, 새로운 계획도 세우고, 새로운 출발도 하기 때문입니다.

　　그런데 문제는 새해의 결심이나 다짐이 그렇게 오래 가지 못한다는 것입니다. 그래서 '작심삼일(作心三日)'이라는 말도 생겼습니다. 저의 경험이나 관찰을 놓고 보더라도 사람이 변화된다는 것은 정말 어려운 일입니다. 어쩌면 이 세상에서 가장 어려운 일일지도 모릅니다.

　　그렇다면 사람은 정말 변화될 수 없는 것일까요? 제가

알고 있는 확실한 방법 하나는 사람이 예수를 믿으면 변화 된다는 것입니다. 제 자신이 그랬고, 제 주위에 있는 많은 사람들이 예수 믿고 변화되는 것을 저는 보았습니다.

신약성경 누가복음 19장에 보면 삭개오라는 사람의 이야 기가 나옵니다. 예수를 만나고 나서 인생관과 가치관에 놀 라운 변화가 일어난 좋은 예라고 생각이 되어 잠시 소개를 해봅니다. 이 사람은 예수를 만나기 전에는 돈 밖에 모르던 사람이었습니다. 자신의 지위를 이용하여 어떻게 해서든지 사람들로부터 빼앗고 갈취하는 삶을 살았습니다. 그러한 자신을 사람들이 미워하고 멸시하는 것을 알면서도 그는 계속해서 그런 삶을 살 수 밖에 없었습니다. 왜냐하면 돈이 그의 전부였고, 그러한 삶에 이미 중독되어 있었기 때문입 니다.

그러던 어느 날, 이 사람이 예수에 대하여 관심을 가지게 됩니다. 단순한 호기심에서였는지 아니면 돈으로도 해결할 수 없는 인생의 어떤 문제가 있어서 그랬는지 알 수는 없지 만, 예수에 대한 그의 관심은 예수와의 의미있는 만남으로 이어졌습니다. 그리고 그는 예수를 만난 이후에 완전히 새 로운 사람으로 변화되었습니다. 돈 밖에 몰랐고 돈만을 위

해서 살아온 그가 이제는 주는 사람, 베푸는 사람으로 변화
된 것입니다. 그가 변화된 후에 예수님께 하는 말을 한 번
들어보십시오.

"주님, 내 소유의 절반을 가난한 사람들에게 주겠습니다.
또 내가 누구에게 강제로 빼앗은 것이 있으면 네 배로 갚아
주겠습니다."

놀라운 변화 아닙니까? 과거의 삭개오라면 있을 수도 없

고, 생각할 수도 없는 일입니다. 그런데 그가 이렇게 새로운 사람으로 변화된 것입니다. 누가 시켜서 이렇게 될 수 있겠습니까? 스스로 결심을 한다고 이렇게 될 수 있겠습니까? 예수를 만나서 그가 변화된 것입니다. 그리고 이러한 삶의 변화와 함께 더 행복한 삶을 살게 된 것은 두말할 것도 없습니다.

당신은 어떻습니까? 당신도 변화되기를 원치 않습니까? 어느 정도의 변화는 당신 스스로의 결심에 의해서도 가능할지 모르겠습니다. 그러나 정말 획기적이고 의미있는 삶의 변화를 기대한다면 당신도 예수를 만나야 합니다. 예수가 삭개오를 변화시켜 준 것처럼 예수는 당신도 변화시켜 줄 것입니다. 그리고 예수 안에서 변화될 때 당신은 진정으로 행복한 사람이 될 것입니다.

"그런즉 누구든지 그리스도 안에 있으면 새로운 피조물이라 이전 것은 지나갔으니 보라 새 것이 되었도다"(고린도후서 5:17).

예수와의 만남

　　사람이 만날 수 있는 가장 위대한 분은 누구일
까요? 그 분은 바로 예수 그리스도입니다. 왜냐하면 그 분
은 만왕의 왕이요, 만주의 주가 되시는 분이기 때문입니다.
　　예수 그리스도는 지금으로부터 약 2,000년 전에 이스라엘 땅에서 사셨던 분입니다. 그는 30년 조금 넘게 이 땅에서 사셨는데 사시는 동안 책 한 권 쓴 적 없고, 학교나 병원을 세운 적도 없습니다. 그런데 놀라운 것은 지금까지 수많은 책들이 이 분에 대해서 쓰여졌고, 수많은 학교와 병원들이 이 분의 이름과 정신으로 세워졌다는 것입니다. 또한 수많은 사람들이 이 분을 자신의 하나님으로 믿고 따르며 예배하고 있다는 것입니다. 어떻게 해서 이런 일이 가능할까요? 그 이유는 그 분은 과거에 있다가 사라져버린 인물이 아니라 지금도 살아 계시고 역사하시는 분이기 때문에 그렇습니다.

저는 예수를 실제적으로 만난 적이 있는 어떤 한 사람과 그가 만나본 예수에 대해서 잠깐 말씀을 드리려고 합니다. 그의 이름은 빌라도이며 예수가 활동했던 시절의 로마 총독이었습니다. 그는 예수를 심문했고 예수를 재판했던, 어떻게 보면 불행한 사람이었습니다. 그런데 그의 진짜 불행은 그가 예수에 대해 거의 모든 것을 파악했음에도 불구하고 자신의 하나님으로는 받아들이지 못했다는 것입니다. 그는 예수에게 죄가 없다는 것을 알았습니다. 예수가 왕이라는 것도 인정해 주었습니다. 하나님의 아들이라는 것도

예수와의 만남 **165**

알고 두려워했습니다. 그러나 끝내 예수를 자신의 왕으로, 자신의 하나님으로 모시지는 못했습니다. 그것이 빌라도의 불행이요, 비극이었습니다. 사가 유세비우스에 의하면 빌라도는 결국 자살로 생을 마감하고 말았습니다. 빌라도가 기록했다고 전해지는 한 고(古) 문서에서 빌라도는 예수와의 만남에 대해 다음과 같이 적고 있습니다.

"황제께서는 제가 로마인의 피에 서반아의 피가 섞여 흐르는 혈통을 지닌 사람으로서, 두려움 따위의 유약한 감정은 모르는 사람임을 잘 아실 것입니다. 그 '나사렛 사람'이 모습을 나타냈을 때 저는 저의 접견실에서 거닐고 있었습니다. 그런데 갑자기 저는 쇳덩이로 된 손이 제 다리를 대리석 바닥에 붙여놓은 것처럼 꼼짝할 수가 없었습니다. 그 '나사렛 젊은이'는 아무렇지도 않게 조용히 서 있는데도 저는 마치 형사범처럼 사지를 떨고 있었던 것입니다. 비록 그는 한 마디의 말도 하지 않았으나 제 앞에까지 다가와 서는 것만으로도 '내가 여기 왔나이다'라고 말하는 것 같았습니다. 한참동안 저는 이 비범한 사람을 존경과 두려움으로 응시하였습니다. 그는 모든 신들과 영웅의 형상을 그린 수많은 화가들이 아직 그려내지 못한 유형의 사람이었습니다. 그럼에도 불구하고 저는 너무 두렵고 떨려서 그에게 접근할 수가 없었습니다."

그리고 그는 예수에 대해서 다음과 같은 결론을 내립니다.

"만일 모든 유대인들이 증거하는 것처럼 그가 했다고 하는 많은 일들을 그가 할 수 있었다면, 그를 대적하게 했던 그의 모든 주장은 사실일 수밖에 없다고 저는 감히 말씀드립니다. 그는 범죄함으로, 어떤 법을 어김으로, 또 누구를 그릇되게 함으로 비난을 산 적이 없습니다. 이 모든 사실은 그를 지지하였던 사람 뿐 아니라 그를 대항하였던 수많은 사람들까지도 인정하고 있습니다. 십자가 옆에서 '말커스'가 말한 것처럼 저는 진실로 이 사람은 하나님의 아들이었다고 말하고 싶습니다."

만왕의 왕이요, 만주의 주가 되시는 그 분을 당신도 한 번 만나 보시지 않겠습니까?

"유대인의 대제사장들이 빌라도에게 이르되 유대인의 왕이라 쓰지 말고 자칭 유대인의 왕이라 쓰라 하니 빌라도가 대답하되 내가 쓸 것을 썼다 하니라"(요한복음 19:21–22).

당신에게는
무엇이 중요합니까?

　　　사람은 똑똑한 것 같으면서도 어리석을 때가 참 많습니다. 무엇이 인생에서 정말 중요한 것인지 모르고 살아가는 모습을 보아도 그렇고, 중요한 것이 자기에게 있을 때는 그 가치를 모르다가 그것을 잃고 난 뒤에야 비로소 그 가치를 깨닫고 후회하는 모습을 보아도 그렇습니다.

　건강이 사람에게 얼마나 중요합니까. 그런데 건강을 잃기까지는 그 건강의 중요성을 잘 모르는 것이 우리 인간들입니다. 가족이 또한 우리에게 얼마나 소중합니까. 그런데 사랑하는 가족이 내 곁을 떠나갈 때까지 가족의 소중함을 제대로 깨닫지 못하다가 떠나고 난 뒤에야 그리워하고 후회하는 것이 우리들의 모습입니다.

우리에게 주어지는 시간들도 대단히 중요한 것이지요. 그런데 시간이 많이 있을 때는 그 시간의 소중함을 잘 모르다가 막상 시간이 얼마 남지 않은 것을 알게 되었을 때, 그제야 허둥대며 당황하는 것이 또한 우리 인간들의 모습입니다.

얼마 전에 저는 화장장에 다녀온 일이 있었습니다. 기다리면서 수시로 출입구를 통해 관이 들어오고 있는 것을 보았습니다. 짧은 시간이었지만 많은 것을 느꼈습니다. '언젠가는 나도 저 관 속에 들어갈 날이 있겠지…' 하면서 말입니다. 사랑하는 사람들을 하나씩 떠나보내고, 언젠가는 나 자신도 사랑하는 사람들을 뒤로 하고 떠나가는 것, 그것이 인생이라는 생각이 들었습니다.

진짜 중요하지만 많은 사람들이 깨닫지 못하고 살아가는 것이 또 하나 있습니다. 건강보다도, 가족보다도, 시간보다도 더 중요한 것인데 그것은 하나님을 알고 살아가는 것입니다. 왜냐하면 하나님은 우리에게 소중한 모든 것들을 주신 분이시니까요. 하나님은 인생들의 생사화복을 주관하는 분이시며, 우리가 살았을 때도 필요한 분이지만 특별히 죽

음의 순간에는 절대적으로 필요한 분입니다.

화장장에서 저는 크게 두 부류의 사람들을 보았습니다. 사랑하는 사람의 죽음 앞에서 아무런 대책도 소망도 없는 사람들을 보았고, 사랑하는 사람의 죽음 앞에서도 위로와 소망을 가지고 있는 사람들을 보았습니다. 그리고 그 차이는 그들의 인생에 위로와 소망의 하나님이 계시느냐 계시지 않느냐 하는 것임을 알았습니다.

이 글을 읽고 있는 당신은 어떻습니까? 당신의 인생에는 하나님이 계십니까? 만일 당신의 삶 속에 하나님이 계시지 않다면 지금 당신은 당신의 인생 중에서 가장 소중한 것을 잃고 살아가는 사람입니다. 그리고 그것 때문에 언젠가 당신은 틀림없이 후회하게 될 것입니다. 자기 부모에게 제대로 하지 못한 자식도 결국에는 후회하게 되는 것이 인생일진대 하물며 하나님이겠습니까.

예수 그리스도를 통하여 하나님을 발견하시고, 하나님을 경외하며 사시다가, 위로와 소망 가운데서 생을 마감할 수 있는 당신이 되었으면 좋겠습니다.

"귀인들을 의지하지 말며 도울 힘이 없는 인생도 의지하지 말지니 그의 호흡이 끊어지면 흙으로 돌아가서 그 날에 그의 생각이 소멸하리로다 야곱의 하나님을 자기의 도움으로 삼으며 여호와 자기 하나님에게 자기의 소망을 두는 자는 복이 있도다"(시편 146:3-5).

"그의 경건한 자들의 죽음은 여호와께서 보시기에 귀중한 것이로다"(시편 116:15).

"영접하는 자 곧 그 이름을 믿는 자들에게는 하나님의 자녀가 되는 권세를 주셨으니"(요한복음 1:12).

말하지 아니할 수 없습니다

　　　　　고대 이스라엘에 예레미야라는 선지자가 있었
습니다. 그는 하나님의 말씀을 전하는 것 때문에 사람들로
부터 많은 조롱과 핍박을 당했습니다. 그래서 그는 '내가
다시는 하나님의 말씀을 전하지 않으리라' 결심을 하게 되
는데 그 결심이 오래 가지 못합니다. 왜냐하면 하나님의 말
씀을 선포하지 않고서는 견딜 수가 없었기 때문이었습니
다. 그의 고백을 한 번 들어보십시오.

　"내가 다시는 하나님을 선포하지 아니하며 그의 이름으
로 말하지 아니하리라 하면 나의 마음이 불붙는 것 같아서
골수에 사무치니 답답하여 견딜 수 없나이다"(예레미야

20:9).

당신은 이 사람이 이해가 되십니까?

또, 예수 그리스도의 사도 중에 바울이라는 사람이 있었습니다. 이 사람은 원래 예수를 핍박하고 교회를 말살하려던 사람이었습니다. 당시의 기득권층에 속한 사람이었고, 공부도 많이 한 사람이었습니다. 그런데 어느 날, 이 사람이 부활하신 예수 그리스도를 만남으로 죽었다고 생각한 예수는 살아있었고, 사람들이 예수가 부활했다고 주장한 것이 사실이었음을 깨닫게 됩니다. 그 후로 그의 인생은 놀랍게 변화되어 예수 그리스도를 증거하는 복음전도자가 됩니다. 그리고 그는 그의 모든 것을 다 버리고 고난과 핍박을 당하며 복음을 전하다가 결국은 로마의 형장에서 이슬로 사라지게 됩니다. 그는 이런 고백을 했습니다.

"내가 그리스도 안에서 참 말을 하고 거짓말을 아니하노라 나에게 큰 근심이 있는 것과 마음에 그치지 않는 고통이 있는 것을 내 양심이 성령 안에서 나와 더불어 증언하노니 나의 형제 곧 골육의 친척을 위하여 내 자신이 저주를 받아 그리스도에게서 끊어질지라도 원하는 바로다"(로마서 9:1-3).

무슨 말인가 하면, 멸망당할 자신의 동족을 생각하니 차라리 자기 혼자 멸망 받아 지옥에 가는 한이 있어도 자기의 동족은 구원받고 천국에 갔으면 좋겠다는 말입니다. 이 사람에 대해서는 어떤 생각이 듭니까?

예레미야 선지자도 그렇고, 사도 바울도 그렇고, 어떻게 생각하면 이 사람들은 비정상적인 사람들처럼 보일지 모릅니다. 그러나 사실은 이들이야말로 인생들이 가고 있는 길을 정확하게 보고 있었고, 그 길이 멸망길이라고 하는 것을 알고 있었기에 고난과 핍박을 당하면서도 하나님의 말씀을 전한 것입니다. 이 두 분에 비하면 저는 정말 아무 것도 아닌 존재이지만, 그런데 저에게도 이 두 분이 가졌던 마음과 비슷한 마음이 있습니다. 그리고 그것이 이 글을 쓰는 이유이기도 합니다.

사랑하는 그대여! 비록 내가 당신을 모르고, 당신이 나를 모른다 할지라도 이 말 만큼은 당신에게 꼭 해드리고 싶습니다.

당신은 죄인이며, 죄의 값은 사망이요, 지옥의 형벌입니다. 그런데 하나님께서 당신을 사랑하셔서 예수 그리스도로 하여금 당신의 모든 죄 값을 다 지불하게 하셨습니다. 그것 때문에 예수 그리스도는 이 땅에 오셨고, 십자가에서 돌아가셨습니다. 이 사실을 당신이 진심으로 믿고 받아들일 때 당신은 구원받을 수 있고, 천국에 갈 수 있습니다. 이 놀라운 하나님의 사랑을 외면하지 마시고 오늘 예수 그리스도를 당신의 구주로 모셔 들이시기를 바랍니다

"한번 죽는 것은 사람에게 정해진 것이요 그 후에는 심판이 있으리니"(히브리서 9:27).

"그가 찔림은 우리의 허물 때문이요 그가 상함은 우리의 죄악 때문이라 그가 징계를 받으므로 우리는 평화를 누리고 그가 채찍에 맞음으로 우리는 나음을 받았도다 우리는 다 양 같아서 그릇 행하여 각기 제 길로 갔거늘 하나님께서는 우리 모두의 죄악을 그에게 담당시키셨도다."(이사야 53:5–6).

다시는 목마르지 않게 된
내 영혼

송경호

제가 8살 때, 어머님은 28세의 나이로 홀로 되셨습니다. 제 밑으로 동생이 3명. 아버지의 사업 실패로 아무 것도 가진 것 없이 홀로 되신 어머님은 우리 4남매를 데리고 이 거친 세상을 살아나가기 위해 토속신앙과 우상과 아버지 혼령을 의지하셨습니다. 자식이 아프거나 하는 일이 잘 안될 때 무당과 점쟁이에게 지극 정성을 다하셨고, 빌고 또 빌며 고사 지내는 일이 제 나이 18세 때까지 계속되었습니다. 저는 어머니의 모성애만 빼고 그 모든 환경이 참으로 싫었습니다. 모든 것에 행동의 제약이 많았습니다. 무슨 일을 할 때면 손 없는 날 해야지 그렇지 않으면 손이 붙어서 우환이 생기거나 죽을 수도 있다고 하니 얼마나 께름칙하고 불안한 현실 속에서 살았는지, 오랜 세월 영적 고통과 속박 속에서 지내야만 했습니다. 저는 곰곰이 생각해 보았습니다. '저렇게 나와 내 가족들을 속박하는 신들이 존재한다면 틀림없이 신 중에도 왕 신이 계실 거다.'

그 때 동네 골목에서 아이들의 노랫소리가 들려왔습니다. "♪예수 이름으로 예수 이름으로 마귀는 쫓긴다 …… 예수 이름으로 나갈 때 마귀는 쫓긴다♬" '그렇다 예수다! 예수는 어디 계실까? 십자가다.' 저는 우리 동네에서 제일 큰 십자가가 있는 큰 교회를 향했습니다. 분위기가 참으로 경건하고 성스러웠습니다. 그 교회에 입교하고, 교리도 배우고, 6개월 후 세례도 받았습니다. 새 마음, 새 기분으로 신앙생활을 하는 동안 성스럽고 경건한 분위기들이 한동안 외적으로 마음에 위로를 주었고, 즐거움도 주었습니다. 그러나 생명의 말씀이 없는 교회전통이나 전례, 경건의 모양만 갖춘 종교적 의식만을 갖고는 내적으로 내 영혼이 끊임

없이 추구하는 갈증을 채워주지 못했습니다. 무언가 진리가 있어 보이는 것 같은데 보이질 않았습니다. 그렇게 믿음의 확신이 없다보니 오

랜 세월 지나는 동안 신앙생활은 지루해져만 갔습니다. 성경책을 보아도 생명의 말씀인 진리는 깨닫질 못했고, 예수께서 달리신 십자가를 20년 동안 쳐다보기는 하였지만 그 고귀한 의미는 알지 못한 채 젊은 날을 보냈습니다. 하지만 제 영혼 한 구석에는 참 하나님을 찾고자 하는 간절한 마음이 있었습니다. "나를 사랑하는 자들이 나의 사랑을 입으며 나를 간절히 찾는 자가 나를 만날 것이니라"(잠언 8:17).

어느 날, 회사 손님 중 한 사람과 대화를 나누게 되었는데 몇 가지 질문을 던지더니 "형제는 하나님하고는 아무 관계없이 혼자 좋아한다"는 것이었습니다. 그 소리에 저는 기분이 상했지만 한 편으로는 궁금한 마음이 들어 그의 교회에 따라가 보았습니다. 그 곳은 침례교회였는데 말씀이 참으로 분명했습니다. 그 동안 목말랐던 내 영혼의 갈증을 해소시켜 주는 말씀이 있었습니다. 성경 속에 이런 말씀이 있었단 말인가! "너희가 성경에서 영생을 얻는 줄 생각하고 성경을 연구하거니와 이 성경이 곧 내게 대하여 증언하는 것이니라"(요한복음 5:39).

"영접하는 자 곧 그 이름을 믿는 자들에게는 하나님의 자녀가 되는 권세를 주셨으니 이는 혈통으로나 육정으로나 사람의 뜻으로 나지 아니하고 오직 하나님께로서 난 자들이니라"(요한복음 1:12-13).

마치 예수께서 육신의 눈 먼 자와 귀머거리를 고쳐주신 것처럼 내 영혼의 눈과 귀가 열리고 주의 음성을 알아듣게 되었습니다. 그 후 말씀은 내게 생명수가 되었고, 내 영혼은 다시 목마르지 않게 되어 주와 동행하는 하루 하루가 너무도 감사한 삶으로 바뀌게 되었습니다.

"내가 여호와께 아뢰되 주는 나의 주님이시오니 주 밖에는 나의 복이 없다 하였나이다"(시편 16:2).

"그 안에는 지혜와 지식의 모든 보화가 감추어져 있느니라"(골로새서 2:3).

저는 오늘도 주의 말씀을 듣고 내 주가 인도하는 대로 향하여 갑니다. 저의 온 몸과 마음은 주인 되신 그 분만을 바라보며 소그룹에서, 사업장에서, 처소에서 주께서 부르실 그 날까지 성령의 불이 꺼지지 않도록 기름을 준비하며 그리스도의 향기가 되기를 간절히 사모합니다.

> **송·경·호**
> 늘 온화한 미소를 담은 환한 얼굴로 기쁘게 믿음 생활을 하며 주변을 밝게 하는 신실한 집사님으로 신사동에서 '귀부인' 의상 제작실을 운영하고 있으며, 아내와 장성한 두 자녀와 함께 행복한 가정을 이루고 있다.

무지(無知) 때문에

　　저는 꽃을 보는 것은 참 좋아하지만 꽃을 잘 키울 줄은 모릅니다. 제가 섬기는 교회에 예쁜 서양난이 하나 있었습니다. 꽃이 너무 예뻐서 그 꽃이 오래 갔으면 하는 마음으로 저는 수시로 스프레이로 꽃에다 물을 뿌려 주었습니다. 그런 저의 정성에도 불구하고 꽃은 시들해지더니 곧 떨어져 죽고 말았습니다. 나중에 어떤 분을 통해서 알게 되었는데 그 꽃에다가는 직접 물을 뿌려서는 안 되는 것이었습니다. 저의 무지 때문에 결국 예쁜 꽃을 죽이고 말았습니다.

　　수년 전 무더운 어느 여름날, 제 아이들과 계곡으로 놀러

가서 송사리들을 잡아온 일이 있었습니다. 집에 있는 어항에 넣어두었는데 시원한 얼음물을 마시다가 얼음 몇 개를 어항에 넣어 주었습니다.

　워낙 더운 날이라 아이들과 저는 송사리들도 조금 시원하라고(?) 얼음을 넣어 준 것인데 조금 지나서 보니 송사리들이 다 죽어있었습니다. 물고기는 물의 온도에 아주 민감해서 물을 갈아줄 때도 온도를 잘 맞추어야 한다는 것을 나중에야 알게 되었습니다. 저의 무지가 송사리들을 죽이고 말았습니다.

　무지 때문에 우리는 일을 종종 그르칠 때가 있습니다. 꽃, 송사리는 그나마 큰 것이 아니기에 다행스러운 경우이지만 진짜 중요한 일을 우리의 무지 때문에 그르치게 된다면 큰 불행이 아닐 수 없겠지요.

일반적으로 사람들은 죽을 때 가족들과 더 의미 있고, 더 행복한 시간을 보내지 못한 것을 가장 크게 후회합니다. 그런데 생각해 보면 이것도 무지에서 비롯되는 일이라 볼 수 있습니다. 사람이 언제 죽을지 안다면, 그리고 인생이 결코 길지 않고 죽음이 곧 임한다는 것을 안다면 그렇게 후회하면서 죽을 생(生)은 살지 않겠지요. 결국 죽음의 시점을 알지 못하는 무지가 문제입니다.

우리나라 사람들은 제사를 굉장히 중요시 여기는 경향이 있습니다. 그런데 생각해 보면 이것도 역시 무지에서 비롯되는 일이라 볼 수 있습니다. 외형적으로는 아름다운 풍속처럼 보일지 모르지만 냉철하게 생각해보면 제사처럼 비효율적이고 어리석은 일이 없습니다. 한 번 생각을 해 보십시오. 귀한 음식으로 제사를 잘 드린다고 해서 돌아가신 분이 와서 잡수시는 것도 아니고(혹, 잡수시는 것으로 생각하는 분도 계실지 모르지만 사실은 그렇지 않습니다), 그렇게 한다고 복을 받는 것도 아닙니다. 그저 정성만 들어가는 것인데 정성만 들인다고 해서 잘 되는 것이 아니라는 것은 저의 작은 경험(꽃, 송사리)만 봐도 알 수 있는 것 아니겠습니까.

사람들이 돌아가신 조상을 숭배하고, 자연 앞에 절을 하고, 자신들이 만든 조각물 앞에서 복을 기원하는 행위는 결국 살아계신 참 하나님을 알지 못하는 무지에서 비롯되는 것입니다. 그리고 그 하나님이 가장 미워하시는 죄가 우상숭배(偶像崇拜)입니다.

공자라는 분이 자신의 생각으로 사람들을 가르친 것이 우리나라를 위시한 동양권 몇 나라에 오늘날까지 내려오고 있는데 이것을 진리인양, 아름다운 풍습인양 붙들고 살아가는 것이 살아계신 하나님 앞에서 잘하는 일인지 깊이 생각해 볼 일입니다. 입이 있어도 말하지 못하고 귀가 있어도 듣지 못하는 조각물 앞에서 절을 하고 복을 기원하는 것이 복 받을 일인지 생각해 볼 일입니다.

천지 우주만물을 창조하셨고 자연과 역사를 다스리시며 인생들의 생사화복(生死禍福)을 주관하시는 하나님을 알고 그 하나님을 예배하는 이 민족이 되기를 기도합니다. 무지하면 꽃도 죽이고, 송사리도 죽이고, 자신도 죽입니다.

"구원하지 못하는 신에게 기도하는 자들은 무지한 자들이니라"(이사야 45:20b).

"백성 중의 어리석은 자들아 너희는 생각하라 무지한 자들아 너희가 언제나 지혜로울까"(시편 94:8).

테일 오브 크라이스트
(A Tale of the Christ)

문학에 뛰어난 재능을 가진 한 사람이 있었습니다. 어느 날 그는 그의 문학적 재능을 사용하여 예수를 주인공으로 하는 로맨틱한 소설을 하나 써볼 생각을 하게 됩니다.

예수를 주인공으로 하는 그럴듯한 소설을 쓰기 위해서는 먼저 예수에 대해서 좀 더 정확하게 알아야 했기에 그는 예수에 대한 자료들을 수집하고 연구하기 시작했습니다. 미국과 유럽의 유명한 도서관들을 찾아다녔고, 예수가 살았던 이스라엘을 직접 방문해 보기도 했습니다. 그리고 성경에 나와 있는 예수에 대한 기록도 자세히 읽었습니다.

그런데 그는 예수에 대해서 연구를 하면 할수록 예수는 단순한 인간이 아니라 예수 자신이 주장한 것처럼, 그리고 예수를 가까이에서 지켜본 사람들이 증언한 것처럼 그는 진짜 메시아요, 하나님의 아들이라는 생각이 들기 시작했습니다. 그리고 마침내 그는 예수를 한 인간으로만 알아왔던 자신의 지식이 잘못된 것이었고, 예수는 실제로 메시아요, 하나님의 아들이라는 결론에 이르게 됩니다.

이런 결론에 이른 그는 이제 더 이상 그가 원래 계획했던 대로 예수를 주인공으로 하는 로맨틱한 스토리를 쓸 수가 없었습니다. 그래서 그는 방향을 바꾸어 예수에 대한 전혀 새로운 스토리를 쓰게 되는데 그 책은 1880년에 'A Tale of the Christ', 즉 '그리스도의 이야기'라는 부제와 함께 출간되었고, 출간 즉시 베스트셀러가 되었습니다. 또한 1899년에는 그 이야기가 연극으로 공연되었고, 1907년, 1925년, 1959년에는 영화로도 제작이 되었는데 바로 그 유명한 '벤허'입니다. 그 이야기를 쓴 사람은 미국의 남북전쟁 때 장군이었고, 전쟁이 끝난 뒤에는 미국의 뉴멕시코 주지사와 터키 대사를 지낸 루 왈러스(Lew Wallace, 1827-1905)라는 사람이었습니다.

　이 글을 읽고 있는 당신은 혹시 예수가 어떤 분인지 생각
해 보신 적이 있습니까?

　수많은 문학작품과 예술작품의 주인공이 되시는 분.

　수많은 학교와 병원의 설립이념이 되시는 분.

　수많은 사람들의 경배와 예배의 대상이 되시는 분.

　당신은 그 예수가 어떤 분인지 궁금하지 않으십니까?

　예수가 어떤 분이건 그것이 나와 무슨 상관이 있느냐고
생각할지 모르지만 예수에 대해서는 한 번 깊이 생각해 볼 필요가 있습니다. 부탁드리건대 당신이 구할 수 있는 모든 자료들을 구해서 한 번 연구해 보시기 바랍니다.

정확한 자료들을 구해서 제대로만 연구한다면 당신도 틀림없이 루 왈러스와 같은 결론에 이르게 될 것입니다. 그리고 예수가 메시아요, 하나님의 아들이라는 사실을 발견하게 될 때 당신의 삶에는 놀라운 변화가 일어나게 될 것입니다. 루 왈러스의 작품 속에 나오는 벤허와 벤허의 어머니, 그리고 그의 여동생에게 일어난 놀라운 변화와 같은 변화 말이지요.

이 글을 읽는 당신에게 예수는 메시아요, 하나님의 아들이라는 것을 발견하게 되는 놀라운 은혜가 있기를 기원합니다.

"시몬 베드로가 대답하여 이르되 주는 그리스도시요 살아 계신 하나님의 아들이시니이다"(마태복음 16:16).

"백부장과 및 함께 예수를 지키던 자들이 지진과 그 일어난 일들을 보고 심히 두려워하여 이르되 이는 진실로 하나님의 아들이었도다 하더라"(마태복음 27:54).

"도마가 대답하여 이르되 나의 주님이시요 나의 하나님이시니이다"(요한복음 20:28).

당신은 거듭나셨습니까?

어느 날, 밤중에 니고데모라는 사람이 예수님을 찾아왔습니다. 우리나라로 치면 국회의원에 해당되는 사람인데 이 사람이 찾아온 목적은 예수님과 신앙적인 대화를 나누기 위함이었습니다. 예수께서 하신 모든 말씀들, 예수께서 행하신 모든 기적들을 볼 때 예수는 분명 보통 사람이 아니라는 것을 그는 알고 있었습니다. 그러나 그에게는 구원의 확신과 천국에 갈 확신이 없었습니다. 그래서 니고데모는 예수와 한 번 대화를 나누어 보아야겠다는 생각을 하게 되었고 어느 날 밤, 예수를 찾아오게 된 것입니다. 밤에 찾아오게 된 이유에 대해서는 확실하게 알 수는 없지만 아마도 다른 사람들의 눈을 의식했기 때문이거나, 아니면 조용한 밤이 깊이 있는 대화를 나누기에 더 좋다고 생각해서일 것입니다.

니고데모와 예수님의 대화는 이렇게 시작됩니다.

"우리는 선생님께서 하나님께로부터 오신 분임을 알고 있습니다. 하나님께서 함께 하지 않으시면 선생님께서 행하시는 그런 기적들을 아무도 행할 수 없습니다."

교양이 있고 학식이 있는 사람답게 니고데모가 상당히 좋은 말로 말문을 열었습니다. 이에 대해 예수는 "아, 그렇습니까? 그렇게 봐 주시니 대단히 감사합니다." 뭐 이렇게 나올 줄 알았는데 다짜고짜로 이렇게 말씀합니다.

"내가 진심으로 당신에게 말합니다. 누구든지 거듭나지 아니하면 하나님의 나라를 볼 수 없습니다."

어떻게 보면 상당히 무례하게 보일지 모르지만 예수님은 니고데모의 정곡을 바로 찌르셨습니다.

신약성경 요한복음 3장에 기록되어 있는 예수님과 니고데모의 대화를 보면서 오늘날에도 니고데모와 같은 사람들은 여전히 많다는 생각을 해 보게 됩니다. 오늘날 많은 사람들이 교회는 다닙니다. 예수님에 대해서도 상당히 잘 알고 있습니다. 누가 물으면 기독교인이라고 대답합니다. 그런데 거듭나지를 못했습니다. 예전에 비하면 많이 나아졌지만 오늘날에도 구원 받지 못한 채로, 또는 구원의 확신 없이 교회만 다니고 있는 명목상의 그리스도인들이 우리나라에 얼마나 많은지 모릅니다.

중요한 것은 내가 얼마나 교회를 오래 다녔느냐, 성경을 얼마나 아느냐, 얼마나 열심히 봉사하고 있느냐가 아닙니다. 중요한 것은 거듭난 사실이 분명히 있어야 하고, 구원의 확신이 분명히 있어야 한다는 것입니다.

혹시 이 글을 읽고 있는 당신이 니고데모와 같은 사람은 아닌지 모르겠습니다. 예수님에 대해서 알고 있는 것이 중요한 것이 아닙니다. 거듭나는 것이 중요합니다. 마태복음 7장 21-23절에서 예수님은 이런 말씀을 하셨습니다.

"나더러 주여 주여 하는 자마다 다 천국에 들어갈 것이 아니요 다만 하늘에 계신 내 아버지의 뜻대로 행하는 자라야 들어가리라 그 날에 많은 사람이 나더러 이르되 주여 주여 우리가 주의 이름으로 선지자 노릇하며 주의 이름으로 귀신을 쫓아내며 주의 이름으로 많은 권능을 행하지 아니하였나이까 하리니 그 때에 내가 그들에게 밝히 말하되 내가 너희를 도무지 알지 못하니 불법을 행하는 자들아 내게서 떠나가라 하리라."

당신이 예수님 앞에 서게 되었을 때 혹시 이런 말을 듣게 되는 것은 아닐까요? 당신이 아직 구원받지 못하셨고, 거듭나지 못하셨다면 이 문제부터 먼저 해결하시기를 바랍니다. 야구에서 타자가 홈런을 쳤다 해도 1루를 밟지 않고 홈으로 들어오면 아웃인 것처럼 신앙에 있어서는 구원, 거듭남이 가장 중요하고 시급한 일입니다.

"예수께서 대답하여 이르시되 진실로 진실로 네게 이르노니 사람이 거듭나지 아니하면 하나님의 나라를 볼 수 없느니라"(요한복음 3:3).

광인(狂人)이 변하여
새 사람 되다

   성경 사복음서에 보면 예수님께서 거라사 지방의 한 광인을 온전케 해주신 사건이 기록되어 있습니다. 이 사람은 귀신(악한 영)이 들렸기 때문에 광인으로 살아갈 수밖에 없었습니다. 성경의 기록을 보면 이 사람은 무덤에서 살았습니다. 늘 소리를 질렀습니다. 옷도 다 벗고 다녔습니다. 돌로 자기의 몸을 상함으로 그의 몸은 온통 피투성이요, 멍투성이였습니다. 악한 영들의 지배로 말미암아 그의 삶은 철저하게 파괴되었고, 그의 가정도 말이 아니었습니다. 사람이 사람답게 살지 못하고 미친 사람처럼 산다고 하는 것, 사람이 동물이 아닌데 동물처럼 산다고 하는 것은 얼마나 큰 불행이요, 비극인지요! 그런데 이 광인은 결국 예수님을 만나 온전케 됩니다. 그의 가정도 회복됩니다. 그리고 그는 예수님을 전하는 전도자가 되었습니다.

이 광인의 이야기는 우리들에게 많은 것을 시사해 주고 있습니다. 이 광인이 예수님을 만나기 전, 광인의 모습으로 있을 때의 그 모습이 누구의 모습인줄 아십니까? 예수님을 만나기 전의 저의 모습이고, 지금도 예수님을 만나지 못한 채 하나님을 떠나서 살아가고 있는 이 세상 모든 사람들의 모습입니다.

사람은 하나님의 형상으로 지음 받은 존귀한 존재입니다. 그런데 사람이 하나님을 떠남으로 하나님의 형상을 잃어버리기 시작했습니다. 하나님의 형상을 잃어버린 사람은 사람으로서 지녀야 할 품위를 잃어버렸습니다. 인간성을 상실했습니다. 그리고 조금 더 심하게 이야기하면, 동물처럼 변하고 말았습니다. 사람들을 한 번 유심히 살펴보십시오. 사람들이 얼마나 사납습니까. 얼마나 폭력적입니까. 얼마나 더럽고 추합니까. 부끄러운 짓을 하면서도 부끄러운 줄 모르고 창피한 줄 모릅니다. 사람들이 왜 이렇게 되었을까요? 하나님의 형상을 잃어버렸기 때문입니다. 인간의 품위를 잃어버렸고 인간성을 상실했기 때문에 그렇습니다.

그런데 성경속의 그 거라사 광인을 불행하게 만들었고, 오늘날에도 수많은 사람들을 불행하게 만들고 있는 그 장본인이 누구인지 그것을 잘 알아야 합니다. 그것은 바로 '마귀사탄' 입니다. 마귀사탄이 눈에 안 보인다고 마귀사탄이 없다고 생각하시면 절대로 안 됩니다. 마귀사탄은 영물(靈物)이기 때문에 사람들의 눈에는 안 보이지만 지금도 사람들을 찾아다니며 그들의 삶을 파괴하고 있고, 그들의 가정을 불행하게 만들고 있습니다.

그러면 어떻게 사람이 마귀사탄의 권세에서 벗어나 하나님께서 의도하신대로, 하나님의 형상을 지닌 인간으로서, 인간성을 회복하고 인간다운 모습으로 살아갈 수 있을까요? 교육을 많이 받으면 그렇게 될까요? 수양을 하면 될까요? 강한 법이 나에게 있으면 좀 도움이 될까요? 스스로 결심을 굳게 하면 될까요? 안됩니다. 사람이 마귀사탄의 권세에서 벗어나 하나님의 형상을 회복하고, 인간으로서의 품위를 유지하며 사람답게 사는 길은 예수 그리스도를 통하여 하나님께 나아가는 길밖에 없습니다.

거라사 광인이 예수님을 만나 그의 삶이 변화되고, 그의 가정이 회복되고, 놀라운 삶을 살아가게 된 것처럼 당신의 삶도 예수 그리스도로 인하여 이런 놀라운 변화가 있기를 기원합니다. 예수님을 만나면 당신과 당신의 가정에도 놀라운 변화가 일어납니다.

"그가 가서 예수께서 자기에게 어떻게 큰 일 행하셨는지를 데가볼리에 전파하니 모든 사람이 놀랍게 여기더라"(마가복음 5:20).

"하나님의 아들이 나타나신 것은 마귀의 일을 멸하려 하심이라"(요한1서 3:8b).

죄인을 부르러 오신 예수님

　　2,000년 전에 이 땅에서 사셨던 '예수'라고 하는 분은 참 놀라운 분이셨습니다. 그 분은 말씀으로 수많은 병자들을 고쳐주셨고, 사람으로서는 감히 할 수 없는 놀라운 일들도 정말 많이 행하셨습니다. 그런데 그 분은 자신이 이 땅에 오신 목적에 대해서 이렇게 말씀하셨습니다.

　　"건강한 자에게는 의사가 쓸 데 없고 병든 자에게라야 쓸 데 있느니라. 나는 의인을 부르러 온 것이 아니요 죄인을 부르러 왔노라"(마가복음 2:17).

　　이 세상에 '죄인' 아닌 사람이 있을까요? '죄'라고 하는 것은 기준에 따라 달라지는 것인데 하나님의 기준으로 보면 이 세상에 죄인 아닌 사람이 한 사람도 없습니다. 성경의 선포를 한 번 들어보십시오.

"의인은 없나니 하나도 없으며"(로마서 3:11).

"만물보다 거짓되고 심히 부패한 것은 (사람의) 마음이라"(예레미야 17:9).

"모든 사람이 죄를 범하였으매 하나님의 영광에 이르지 못하더니"(로마서 3:23).

그렇습니다. 이 세상에 하나님 보시기에 죄인 아닌 사람은 한 사람도 없습니다. 아무리 경건해 보이고, 착한 사람이라 할지라도 하나님 보시기에는 다 죄인일 수밖에 없는 것이 우리 인생들입니다. 이 세상에 왜 그렇게 많은 비극이 있는 줄 아십니까? 사람들의 삶 속에는 왜 그렇게 많은 고통이 있는 줄 아십니까? 죄 때문에 그렇습니다. 이 세상의 모든 질병, 아픔, 수고, 고통, 비극의 원인은 바로 죄입니다. 그리고 그 끝은 죽음이요, 하나님의 심판입니다(히브리서 9:27).

그렇다면 우리 인생들은 어떻게 이 죄의 문제를 해결할 수 있을까요? 착하게 살면 해결 되는 것일까요? 아닙니다. 사람에게는 착하게 살 능력도 없고(물론 어느 정도 착하게

살 능력이야 있겠지만 하나님의 기준으로 보면 어림도 없습니다), 하나님께서 그것을 요구하지도 않습니다. 그렇다면 우리는 어떻게 이 죄의 문제를 해결할 수 있을까요? 예수님께 나아가면 됩니다. 예수님은 사람들의 죄 문제를 해결해 주시고 사람들의 죄를 사해 주시기 위해서 이 땅에 오신 분입니다. 비록 우리와 같은 사람의 몸을 입고 계셨지만 그 분은 사람들의 죄 값을 대신 지불하기 위해서 이 땅으로 내려오신 하나님이셨습니다. 수많은 병자들을 말씀으로 고쳐주시고, 사람으로서는 감히 할 수 없는 놀라운 일들을 행할 수 있었던 것도 그 분이 하나님이셨기 때문에 가능한 일들이었습니다.

사람은 죄 문제가 해결될 때까지는 결코 행복해질 수 없습니다. 죄로 인하여 하나님의 진노 아래 사는 인간이 어찌 행복할 수 있겠습니까? 순간적인 행복, 일시적인 행복이야 있을 수 있지만 참 행복, 영원한 행복은 하나님만이 주실 수 있습니다. 그리고 그렇게 되려면 먼저 죄의 문제가 해결되어야 하는 것입니다.

예수님은 당신의 죄 문제를 해결해 주시기 위해서 이 땅에 오셨고, 십자가에서 피 흘려 돌아가심으로 당신이 받아야 할 모든 죄의 값을 대신 받으셨습니다. 그리고 죽으신지 3일 만에 다시 살아나심으로 그를 믿는 모든 자의 구주가 되어주셨습니다.

당신은 예수 그리스도를 통하여 죄 사함 받은 사실이 있으십니까? 아직 그런 경험이 없으시다면 지금 이 순간에 당신이 죄인인 것과 예수 그리스도께서 당신의 죄를 위해서 죽으신 그 사실을 마음에 믿고 받아들이십시오. 그렇게 할 때 당신은 죄 사함의 축복과 함께 이 세상에서 얻을 수 없는 참 행복과 영원한 생명을 선물로 얻게 될 것입니다.

"수고하고 무거운 짐 진 자들아 다 내게로 오라 내가 너희를 쉬게 하리라"(마태복음 11:28).

좋은 세상을 꿈꿔 보는데

　　사람들은 누구나 다 이 세상이 평화롭고, 재난
이나 재해가 없으며, 살기 좋은 곳이 되기를 소망합니다.
그런데 이해할 수 없는 것은 이 세상은 사람들의 바람과는
달리 점점 더 많은 전쟁과 테러, 여러 가지 재난과 재해의
소식으로 점철되고 있는데 그 이유가 무엇일까요? 지난 한
해 동안에도 우리 모두는 참 많은 테러와 전쟁, 기근과 지
진, 지구온난화로 인한 이상기온현상 등의 좋지 않은 소식
들을 들어야 했습니다.

　　매 년 새해가 되면 사람들마다 평화를 기원하고, 재난과
재해가 없는 세상을 소망해 보지만 별로 효력은 없는 듯 해

보입니다. 어떤 사람들은 신(神)이 있다면 어떻게 사람들이 이렇게 고통당하는 것을 보고만 있을 수 있느냐 하면서 모든 책임을 신에게 돌리기도 하지만 그렇게 한다고 문제가 해결되는 것은 아닙니다.

사람들이 원하지 않는 전쟁, 테러, 기근, 지진, 그리고 최근에는 지구온난화 문제까지 왜 이렇게 많은 문제들이 우리가 살고 있는 이 지구상에 있는 것일까요? 저는 그것에 대한 답을 성경에서 발견합니다. 마태복음 24장에 보면 세상의 종말이 가까워지면 그런 일이 일어날 것이라고 말씀하고 있습니다.

"난리와 난리 소문을 들겠으나 너희는 삼가 두려워하지 말라 이런 일이 있어야 하되 아직 끝은 아니니라. 민족이 민족을, 나라가 나라를 대적하여 일어나겠고 곳곳에 기근과 지진이 있으리니 이 모든 것은 재난의 시작이니라"(마태복음 24:6-8).

이 글을 읽는 당신은 이러한 성경의 기록에 대해서 어떻게 생각하는지 제가 잘 모르겠습니다. 그런데 중요한 것은 이 세상이 정말 성경의 예언대로 되어져 가고 있다는 것입니다. 이런 것이 사실은 제가 성경을 믿는 이유입니다. 이

외에도 성경에는 고대 바벨론 제국의 멸망과 그 후에 일어났다가 멸망한 페르시아 제국, 그리스 제국, 로마 제국에 대해서도 예언되어져 있는데 모든 것이 사실로 이루어졌고, 이스라엘 나라에 대한 예언, 예수 그리스도에 대한 예언 등 수많은 예언들이 그대로 이루어졌다는 것입니다. 그리고 성경이 이 세상 끝 날의 징조에 대해서 예언하고 있는 내용들도 지금 우리들 눈앞에서 이루어지고 있는 것을 볼 때 성경은 정말 놀라운 책이라는 것을 다시 한 번 깨닫게 됩니다.

성경을 보고 이 세상을 보면 이 세상의 종말은 그렇게 멀지 않은 듯해 보입니다. 20세기 들어서면서부터 부쩍 많아진 전쟁과 기근, 지진, 그리고 물 부족, 이상기온현상 등을 결코 우연으로 생각하시면 안 됩니다. 현명한 사람은 이 세상이 과연 어떻게 될 것인가 하는 문제에 관심을 가지는 사람이고 그런 사람들만이 피할 길도 찾을 수 있습니다.

종말 운운한다고 저를 이상한 사람으로 생각하지는 마시기 바랍니다. 성경이 그것을 이야기하고 있기에 잠시 말씀을 드렸습니다. 세상의 종말, 인류의 종말은 너무 거창한 주제여서 별로 실감이 안 날 수도 있겠습니다. 그러나 한

가지 당신도 부인할 수 없는 것은 당신 개인의 종말은 지금
이 순간에도 빠른 속도로 달려오고 있다는 것입니다. 이런
저런 이유로 갑자기 세상을 떠나는 사람들을 우리는 주위
에서 자주 봅니다. 언젠가는 저나 당신에게도 결국은 찾아
올 순간 아니겠습니까! 개인의 종말이든 세상의 종말이든
점점 더 가까워지는 것은 분명합니다.

새로운 한 해가 또 시작되었습니다. 하나님의 인도와 도
우심이 있기를 기원합니다.

"그 날에는 하늘이
큰 소리로 떠나가고
물질이 뜨거운 불에
풀어지고 땅과 그 중
에 있는 모든 일이
드러나리로다 이 모
든 것이 이렇게 풀어
지리니 너희가 어떠
한 사람이 되어야 마
땅하냐"(베드로후서
3:10b-11a).

하나님의 영광을 위해
살 수 있는 기쁨

송승현

　　저는 예수님을 전혀 믿지 않는 가정에서 태어나 자랐습니다. 할머니는 불교, 어머니는 무속신앙, 아버지는 제사를 열심히 지내시는 분이셨습니다. 저 또한 성장하면서 관상, 꿈해몽, 운명철학을 공부하곤 했습니다. 중학교 올라갈 때까지 평범하던 저는 중2 때부터 공부보다는 싸움을 잘하는 친구들과 어울리며 방황하기 시작했습니다. 6년 동안의 청소년기는 거의 술, 담배, 패싸움의 연속이었습니다. "우리는 모두 양처럼 길을 잃고, 각기 제 갈 길로 흩어졌으나…"(이사야 53:6).

　　고등학교 졸업 후 군대에 갔는데 제가 상병 때 친하게 지내던 정종수 소위는 신실한 그리스도인이었습니다. 어느 날, 그는 제게 "지금까지 살아오면서 나쁜 짓 한 적 없느냐?"라고 물었습니다. 순간 저는 그동안 제가 행했던 거짓말, 증오, 협박, 폭력, 이중인격, 교만함, 술 취함 등이 생각나면서 제가 죄인이라는 것을 깨닫게 되었습니다. 그 때 그는 예수님께서 저를 사랑하셔서 저의 죄 때문에 십자가에 달려 돌아가시고 3일 만에 부활하신 하나님의 아들이라고 설명해 주었습니다. 저는 예수님께서 저를 사랑하셔서 저를 위해 돌아가셨다는 말을 처음 들었습니다. 예수님께 죄송하기도 하고, 감사하기도 했지만 20여 년 간 믿어왔던 저의 종교를 한 순간에 버릴 수는 없었습니다. 저는 그 다음 주에도 여느 때와 같이 절에 갔습니다. 그런데 그 때까지 저의 인도자이며 보호자라고 믿어왔던 부처가 신이 아니라 단지 사람이 깎아 만든 조각상이라는 사실을 순간적으로 깨닫게 되면서 더 이상 부처상에 절을 할 수가 없었습니다. 부대로 돌아온 뒤 한동안 혼란스러웠습니다.

2주 후, 저는 부대 앞 교회의 수요예배에 참석하게 되었고 다시 한 번 복음을 들었습니다. 그 때 저는 이제부터는 가짜 신을 믿을 것이 아니라 창조주 하나님을 믿어야겠다는 마음이 강하게 요동쳤고, 제가 먼저 하나님의 자녀가 되어 가족들에게 예수님을 소개해 주어야겠다고 결심하게 되었습니다. 저는 예수님을 구주로 받아들여 하나님의 자녀가 되었습니다. "영접하는 자 곧 그 이름을 믿는 자들에게는 하나님의 자녀가 되는 권세를 주셨으니"(요한복음 1:12).

저는 이제 제가 누구인지, 어디서 와서 죽으면 어디로 가는지, 또 왜 오늘을 살아야 하는지 모두 알게 되었습니다. 여태까지 누구도 해결해 주지 못했던 인생의 본질에 대한 해답을 얻게 되자 날아갈 듯 기뻤습니다. 저는 평소 말끝마다 하던 욕을 하지 않게 되었고, 제가 괴롭혔던 후임병들을 모두 찾아가 용서를 구했습니다. 저의 변화에 모두가 놀라는 표정이었습니다. 제대 후에는 하나님의 놀라운 능력들을 많이 경험하게 되었습니다. 미국에서 유학하던 시절에 IMF 위기가 찾아왔지만 하나님께 기도하며 공부하자 매학기마다 많은 장학금을 타게 되어 무사히 학업을 마칠 수 있었습니다. 그 때 저는 무역을 공부하러 갔었는데 성경공부 도중 하나님의 영혼 구

원사업에 매료되어 전공을 바꿔 신학을 하게 되었습니다. 뉴욕시내에 노방 전도를 나갈 때마다 많은 영혼들을 예수님께로 인도하면서 하나님께서 저를 사용하심에 행복을 느낄 수 있었습니다. 신학교 졸업 후 저는 선교사가 되었는데 귀국할 비행기표 값이 없었을 때에도, 귀국 후 선교단체 일을 하면서 많은 후원금과 자동차가 필요했을 때에도 제 주위의 많은 분들과 함께 기도하자 하나님께서는 그 모든 문제를 완전히 해결해 주셨습니다. 예수님을 믿고 제가 받은 가장 큰 선물은 예수님을 사랑하는 저의 아내를 만난 것입니다. 하나님의 자녀가 되어 믿음의 가정을 이루고, 하나님께 영광 돌리는 일을 하며 사는 것 보다 더 큰 행복은 없을 것입니다. 예수님이 안 계신다면 저의 인생도 의미가 없습니다. 오늘도 하나님과 동행하며 하나님의 영광을 위해 살 수 있다는 것이 너무나도 행복하며 감사합니다.

"…내가 내 영광을 위하여 창조한 자를 오게 하라 그를 내가 지었고 그를 내가 만들었느니라"(이사야서 43:7).

송·승·현

하나님 은혜에 감격하여 항상 감사하면서 주님을 증거하는 생명력 있는 삶을 살고 있는 하나님의 사람이다. 현재 생명의말씀협회 선교사, 새삶침례교회 청년부 사역자로 헌신하고 있다.